El buen amor en la pareja

Sexualidad y Pareja

Joan Garriga

El buen amor en la pareja

Cuando uno y uno suman más que dos

DESTINO

Certificado PEFC
Este libro procede de bosques gestionados de forma sostenible y fuentes controladas
PEFC
PEFC/14-38-00305
www.pefc.es

Ediciones Destino, un sello editorial de Editorial Planeta, S. A.
Avinguda Diagonal, 662, 6.ª planta. 08034 Barcelona (España)
www.edestino.es
www.planetadelibros.com

Adaptación de la cubierta: Booket / Área Editorial Grupo Planeta
Ilustración de la cubierta: © Alex Mathers / Istockphotos
Primera edición en esta presentación en Colección Booket: septiembre de 2022
Segunda impresión: octubre de 2024
Tercera impresión: marzo de 2025
Cuarta impresión: febrero de 2026

Depósito legal: B. 13.322-2022
ISBN: 978-84-233-6202-8
Impreso en España

Biografía

Joan Garriga (Bellpuig, 1957) es licenciado en Psicología por la Universidad de Barcelona. En 1986 cofundó el Institut Gestalt de Barcelona. Es terapeuta y formador en constelaciones familiares, terapia Gestalt, Eneagrama, PNL y *coaching* sistémico. En 1999 introdujo en España a Bert Hellinger, creador de las constelaciones familiares, y él mismo se ha convertido en uno de los principales exponentes de esta terapia en España y el mundo hispanohablante. Ha publicado artículos sobre psicoterapia en revistas especializadas y es autor de *¿Dónde están las monedas?* (2006), *Vivir en el alma* (2008), *El buen amor en la pareja* (Destino, 2013), *La llave de la buena vida* (Destino, 2014), *Bailando juntos* (Destino, 2020) y *Decir sí a la vida* (Destino, 2021), con un gran éxito de crítica y más de 200.000 lectores.

@joan.garriga.bacardi

Joan Garriga

Joan Garriga Bacardi

www.joangarriga.com

ÍNDICE

A Beatriz, en su memoria

«Tres pasiones, simples, pero abrumadoramente intensas, han gobernado mi vida: el ansia de amor, la búsqueda de conocimiento y una insoportable piedad por el sufrimiento humano. He buscado el amor, primero, porque conduce al éxtasis, un éxtasis tan grande que a menudo hubiera sacrificado el resto de mi existencia por unas horas de este gozo. Lo he buscado, en segundo lugar, porque alivia la soledad, esa terrible soledad que en una conciencia trémula se asoma al borde del mundo para otear el frío e insondable abismo sin vida. Lo he buscado, finalmente, porque en la unión del amor he visto, en una miniatura mística, la visión anticipada del cielo que han imaginado santos y poetas. Esto era lo que buscaba y, aunque pudiera parecer demasiado bueno para esta vida humana, esto es lo que —al fin— he hallado.»

BERTRAND RUSSELL,
Autobiografía

INTRODUCCIÓN

Como sucede a menudo en los asuntos cardinales de la vida y del amor, todo comenzó con un hecho azaroso y un tanto inesperado. Corría el año 2000 cuando me invitaron a impartir en Buenos Aires, mano a mano con la directora del Centro Bert Hellinger de Argentina, un taller de parejas basado en las Constelaciones Familiares. A pesar de llevar muchos años trabajando como terapeuta y formador de terapeutas, no era un gran experto en parejas. Así que al principio opuse resistencia, pero debió de ser demasiado tenue porque acabé dando el taller. Fue una experiencia interesante, profunda y conmovedora para las personas que asistieron, y también de gran valor para mí.

A partir de ese momento empezó a correrse la voz de que yo entendía de parejas, y desde entonces he ido por distintos lugares del mundo impartiendo talleres en los que utilizo la técnica de las Constelaciones Familiares para ayudar a solucionar todo tipo de problemas, pero muy especialmente los amorosos, tratando tanto con parejas como con personas individuales, casadas, solteras o en cualquier otra situación.

No me considero un gurú ni un modelo en este campo. De hecho, desde el primer taller, he vivido este tiempo como un camino de aprendizaje personal, como un acto de entrega a otros pero a la vez de crecimiento en mi propio camino afectivo. Como la mayoría, he amado y amo, me he casado, me he separado, he sufrido, he visitado la alegría y el dolor, he cometido errores y probablemente logrado algún acierto. He tenido varias parejas de larga duración, dos hijos, dos divorcios y otras relaciones que han dejado en mí su huella con diferente intensidad. En realidad, a veces sospecho con humor que la Gran Sabiduría me ha puesto a dar talleres de parejas para ver si aprendo lo necesario... Y es que seguramente sea cierto que uno enseña con gusto sobre aquello que aún necesita procesar y aprender, y convengamos que el tema de la pareja y sus misterios es infinito. En cualquier caso, no se trata de contar mi historia, sino de compartir lo que he aprendido en los talleres que imparto, pues este libro se sustenta en la experiencia de la década larga que llevo trabajando con personas y con parejas acerca de sus asuntos de pareja y sus Constelaciones.

Aunque éste no es un libro de Constelaciones, quizá convenga explicar brevemente en qué consisten. Es difícil hacerlo de forma resumida, pero diré que se trata de un trabajo terapéutico desarrollado por el psicoterapeuta alemán Bert Hellinger que aborda los problemas de relación —o de cualquier otro tipo— con un enfoque sistémico, es decir, teniendo en cuenta todo el sistema familiar de la persona y toda su red de vínculos (o los de cada miembro de la pareja, cuando el trabajo es de a dos). Es una experiencia que remueve, que agita interiormente y nos hace contactar con las sutilezas y los movimientos profundos del alma. Y que asimismo revela los vínculos, las dinámicas y realidades que están actuando sobre la persona desde la sombra. Es una técnica que permite ver de forma rápida cómo cada uno estructura sus vínculos, y cómo estos vínculos nos permiten caminar con fuerza hacia la vida o nos lo impiden, cómo nos abren puertas o nos las cierran, cómo nos conducen hacia la dicha o hacia la desdicha, cómo nos sanan o nos enferman, cómo nos crean problemas o nos los resuelven. Y cómo nuestros vínculos amorosos con nuestros anteriores, especialmente con nuestros padres, sostienen nuestros vínculos amorosos con nuestros posteriores, en una suerte de geometría precisa de las relaciones humanas.

Más adelante mostraré algunos ejemplos ilustrativos de situaciones que he vivido en mis talleres, y estoy seguro de que con ello se entenderá mejor qué son las Constelaciones y cómo pueden ayudar a comprender y mejorar la relación de pareja. Pero para quien no conozca el funcionamiento de las Constelaciones Familiares, conviene señalar que son una representación de nuestra familia, o de los otros sistemas relevantes a los que pertenecemos, ya sea la empresa, las relaciones de amistad u otras. Para ello se eligen, de entre los participantes, a varias personas que representarán al padre, la madre, la pareja o la expareja, los hijos nacidos, los que no llegaron a nacer, los abuelos, el jefe... Según cuál sea el problema que se plantee o los objetivos que se quieran lograr. A continuación, las personas escogidas se posicionan en el espacio, dando expresión a nuestra imagen interior del sistema, a cómo funciona y a las relaciones entre sus miembros. Una vez hecho esto, se desarrolla la Constelación de manera tal que se logran clarificar las dinámicas problemáticas del entorno en cuestión, y cómo hacerlas funcionales y solventes. El cliente interioriza así imágenes y movimientos emocionales que, a modo de solución, acaba trasladando a la realidad de su propia vida. Aunque habitualmente son más poderosas y efectivas en grupo, las Constelaciones también se pueden hacer de forma individual a través de instrumentos de representación que permiten comprender la estructura de nuestros vínculos y sus consecuencias, haciendo cambios cuando es necesario.

Este libro no habla de lo que hay que hacer o de lo que no hay que hacer. No habla de modelos ideales de relación, sino de relaciones diversas, con sus propias pautas y estilos de navegación. Pero, para que resulte útil, también habla de aquellas cuestiones que habitualmente hacen que las cosas funcionen o se estropeen en una relación de pareja, y de los ingredientes que facilitan o dificultan construir una buena relación de pareja y mantenerla. En este sentido, da pistas para que cada uno encuentre su propia fórmula, su modelo y su manera.

Vivimos un momento de apertura, a la vez que de desconcierto, sobre cómo pueden o deben ser las relaciones de pareja; y, en este sentido, lo que planteo, como se irá viendo a lo largo del libro, se sitúa en una perspectiva de libertad y de respeto, de hacer y dejar hacer. Las personas no tenemos por qué comulgar con dogmatismos de ningún tipo, ni debemos sentirnos culpables por no hacerlo. Hay demasiada gente que sufre por no encajar en un esquema de supuesta normalidad.

Hace unos años escribí: «Imaginemos un mundo donde, por ejemplo, la vejez, la enfermedad, la timidez, la muerte, el sufrimiento inevitable, estuvieran bien vistos y formaran parte respetable del vivir en la misma medida que sus contrarios, la juventud, la salud, la expresividad, la vitalidad y el gozo inevitable. Demasiadas personas sufren aún la presión de no encajar con lo que convenimos en valorar como bueno, pero ¿quién es capaz de afirmar que una cosa es mejor que otra, que una vida, por ejemplo, es mejor que otra?». La vida es, afortunadamente, muy amplia y variada, y cada uno tiene sus predisposiciones y su singularidad. Hay personas que están hechas para vivir con la misma pareja toda la vida; otras, para tener diez amantes al mismo tiempo, y otras, para ser monjes o monjas. Unas se orientan hacia personas del mismo sexo, y otras hacia personas de distinto sexo. Cada uno debe respetar su original forma de ser, incluso su propia neurosis o tendencia condicionada, aunque trabaje para modificarla, y no tratar por todos los medios de encajar en un modelo ideal de relación de pareja. Lo importante es la aceptación amorosa de uno mismo y de la propia singularidad. Y cada cual puede encontrar regocijo en respetar su propia naturaleza y ser feliz siguiéndola. En cierta ocasión conocí a un monje benedictino que me contó que había sentido la vocación religiosa desde muy joven. Durante años, visitó a varios psicólogos para encontrar el trauma que hacía que quisiera ser monje. Pero, después de cierto tiempo y numerosas visitas al diván, seguía deseándolo, así que ingresó en un monasterio. Y allí sigue, viviendo complacido su vida monacal y comunitaria.

Hoy, ya no hay un único modelo, sino libertad para inventar el propio modelo. No hay modelos, sino anhelos: todos tenemos el anhelo (y la necesidad) de amar y ser amados, de gozar de una estabilidad afectiva, de sentirnos vinculados, de pertenecer y, a ser posible, de dar vida o de servirla o cuidarla de alguna manera. Pero este anhelo se puede desarrollar tanto a través de un matrimonio para toda la vida como de un *living apart together* (estar juntos pero vivir cada uno en su casa). En realidad, después de siglos con un modelo claro basado en el binomio hombre/mujer como unidad sentimental y socioeconómica, estamos reinventando la relación de pareja. Hoy, lo más habitual es que una persona sea «monógama secuencial», es decir, que a lo largo de su vida tenga varias parejas estables, de la misma forma que también es frecuente pasar varias temporadas sin pareja estable. Todo ello conlleva tanta libertad como estrés e incertidumbre en los vínculos.

La cultura, que establece cauces y formas para la unión amorosa a los que tratamos de amoldarnos, coexiste con la natura, y no debemos olvidar que venimos de hordas nómadas de cazadores-recolectores de más o menos ciento cincuenta miembros, en las que los lazos sexuales y familiares gozaban de una gran libertad de formas que contrastan vivamente con los actuales modelos del amor, tan individual, patriarcal, posesivo y patrimonialista. No es mi objetivo ahondar en una visión antropológica de la pareja, sino tan sólo señalar el conflicto que en muchas personas se produce entre mente e instinto, civilización y predisposición, cultura y natura, y las consiguientes acrobacias mentales y sociales que tratamos de realizar para complacer los requerimientos de ambos.

Mi experiencia me dice que en las relaciones de pareja no hay buenos y malos, culpables e inocentes, justos y pecadores. Lo que hay son buenas y malas relaciones: relaciones que nos enriquecen y relaciones que nos empobrecen. Hay dicha y desdicha. Hay buen amor y mal amor. Y es que el amor no basta para asegurar el bienestar: hace falta el buen amor. El buen amor se reconoce porque en él somos exactamente como somos y dejamos que el otro sea exactamente como es, porque se orienta hacia el presente y hacia lo que está por venir en lugar de atarnos al pasado, y sobre todo porque produce bienestar y realización.

No quisiera terminar sin decir que éste es un libro sencillo que trata asuntos complejos y hondos, invisibles a veces a los ojos de la mente y solamente intuidos por los ojos del corazón, cuya pretensión es aportar un poco de luz para que muchas personas —con o sin pareja— encuentren, si cabe, una mayor dosis de bienestar en sus asuntos afectivos. Ojalá logre algo de lo que pretende.

1

VIVIR EN EL AMOR

A lo largo de nuestra vida, las cuerdas que más intensamente vibran en el interior de las personas son, sin duda, las del amor y el desamor, las del apego y la pérdida, las de los movimientos expansivos del corazón y sus contrarios de retracción. Bailando al son de sus compases experimentamos plenitud o vacío, enorme dicha o el hielo de la desazón y la destemplanza. Así somos: mamíferos, esto es, necesitados y gregarios.

Un anhelo no siempre completamente satisfecho y persistente en los seres humanos es vivir en el amor con un otro significativo, o, mejor, con muchos otros significativos. De niños, nuestros padres, hermanos, tíos, abuelos y demás parientes; de adultos, nuestra pareja y nuestros hijos, sobre todo. También, por supuesto, otros familiares, amigos, socios, maestros, alumnos, amantes, compañeros en ciertos tramos del camino… Es imposible imaginar un castigo mayor para un ser humano que el de la soledad y el desamor. Schopenhauer afirmaba que la mayor crueldad y el mayor castigo concebibles para el hombre sería ser invisible e inmortal al mismo tiempo. Suena terrible e inhumano.

Necesitamos ahuyentar «la trémula soledad» y vivir en comunidades significativas, así que estamos siempre dispuestos a invertirnos en el milagro del encuentro real con otro ser humano, en ese chispazo de vida en el que el otro se ilumina y nosotros con él, en el que por momentos lo tenemos plenamente y de este modo también nos tenemos plenamente a nosotros, en el que el intercambio verdadero entre dar y tomar se logra, en el que, por fin y con suerte, nuestro corazón se abre y sentimos la experiencia de ser uno, de la genuina intimidad y de convertirnos en destino el uno para el otro. Así acontece a veces en la pareja, y se experimenta como felicidad.

Buscamos la unidad, perdida en algún lugar de nuestra mente cuando, siendo todavía niños, empezamos a trocear la realidad en pedazos de pensamiento y le impusimos nombres, apartándonos del ser puro y esencial que fuimos y al que seguimos añorando. Y la buscamos, con acierto o desacierto, en el otro. Anhelamos reencontrar el silencio interior al reposar sin más en nuestra presencia real y en la del otro. Miramos constantemente los ojos del hermano eterno para asir la plenitud de la vida, como explica el relato de Stefan Zweig del mismo nombre, lo que significa que en el encuentro verdadero y amoroso con el otro logramos reconocernos profundamente a nosotros mismos: si yo te miro a ti y veo que también eres yo, algo en lo esencial se calma. Así que un ingrediente de la felicidad terrenal que seguramente podemos experimentar en esta vida viene a través de sentirnos unidos y de lograr unas relaciones ricas, fértiles, hermanadas, cooperativas y amorosas.

Seamos sinceros: seguramente, ningún ámbito de la vida está tan lleno de expectativas y promesas como el ámbito del amor en la pareja (si exceptuamos, quizá, otros grandes falsos griales como son la riqueza, el poder o el afán de notoriedad), y es probable que sea porque le atribuimos la potencialidad de hacernos regresar al paraíso perdido de la unidad original con los padres, o de llevarnos a la tierra prometida, llena de abundancia, en la que nuestros temores se diluirán y nuestra soledad existencial se tornará menos fría y abismal, o incluso desaparecerá.

Y, sin duda, la pareja nos da algo de lo anterior, pero ¿puede hacernos felices o desdichados?

2

LA BUENA NOTICIA: NADIE PUEDE HACERTE INFELIZ

La pareja no tiene la capacidad de hacernos infelices, aunque en ocasiones parezca que sí, especialmente en momentos de dolor, pérdida, disputas, desencuentro o frustración. En una relación podemos vivir un amplio abanico de sentimientos, entre ellos el sufrimiento y el desamor, pero no tenemos por qué ser víctimas de ello, ya que nuestro camino y nuestro destino siguen siempre íntegros en nuestras manos. No sólo importa lo que vivimos, sino nuestra actitud ante lo que vivimos.

Ésa es la buena noticia: a pesar de los malos momentos, en realidad nadie tiene el poder de hacerte desgraciado/a, pues siempre queda en tus manos decidir cómo vas a vivir las cosas, el sentido que les darás, y la posibilidad de orientarlas en la dirección de lo positivo y útil. Tomemos el famoso caso de Viktor Frankl, cuyo ejemplo muestra mejor que ningún otro el sentido del vivir aun en la peor de las pesadillas o, lo que es lo mismo, en un campo de concentración. O el de Nelson Mandela, que forjó gran parte de su integridad en la impotencia de su larga reclusión, y que puede encarnar como pocos los versos del poeta William Ernest Henley: «Yo soy el regente de mi destino, soy el capitán de mi alma». O, más jocosamente, el de Sócrates, cuya mujer era famosa por su pertinaz mal carácter; el filósofo solía aconsejar a la gente que se casara, porque si te iba bien, serías un poco feliz, y si no te iba bien, siempre te quedaría la opción de ser filósofo.

No parece un buen negocio hacer depender nuestro bienestar de otro, dándole y a la vez cargándole con ese poder. La felicidad depende, pues, principalmente, de nuestra actitud y estado ante lo que nos toca vivir. En particular, depende de que con nuestra actitud logremos evitar instalarnos en el victimismo, el resentimiento, la venganza, la queja, el hedonismo, el orgullo, el temor, la avaricia, el afán de notoriedad, la riqueza desmedida, la pereza espiritual, etcétera. Todos ellos configuran el elenco de personajes de la comedia y el sufrimiento humanos.

La felicidad también depende de que permanezcamos en la fuerza real que viene de reconocer nuestra responsabilidad, esto es, nuestra capacidad de respuesta en todo momento. Los falsos poderes abocan inevitablemente al sufrimiento y hacen sufrir a los demás. Es más feliz quien actúa como discípulo de la realidad y de los hechos, y los aprovecha para bien propio y de la vida. Es más feliz quien, en lugar de quejarse y sufrir resignadamente, toma posición, orienta sus acciones, genera esperanza y dibuja un futuro prometedor; en definitiva, quien se convierte en discípulo de la realidad, y no en su víctima.

Por tanto, la pareja no puede hacernos infelices en un sentido estricto, pues la felicidad es un estado interior que en última instancia sólo depende de uno mismo y del cultivo de una conciencia mayor, así como del conocimiento claro de nuestro ser. No obstante, de vez en cuando nos olvidamos de todo ello y pretendemos que la pareja se convierta en el remedio para todos nuestros males y carencias afectivas. Nos «desresponsabilizamos», ponemos nuestro destino en manos ajenas y renunciamos a una parte fundamental de nuestra libertad y de nuestro ser. Y no somos conscientes de que, al pensar y obrar de este modo, otorgamos al otro un poder que no le corresponde y que incluso le puede resultar un fardo pesado; un poder que, en cualquier caso, es un lastre para la pareja.

Conviene asumir también que la felicidad no significa placer ni éxito ni ausencia de dolor y de frustración. La felicidad es otra cosa: una sintonía con el aroma del ser esencial y con la fuerza de la vida, un sí incondicional a todas sus dimensiones, un vivir conforme a nuestras predisposiciones y un entablar vínculos ricos y significativos con los demás.

Entonces, si sabemos que no podemos pedir la plena felicidad a nuestra pareja, ¿quién es ese que, en nuestro interior, la reclama y se empeña en encontrar exigencias y argumentos desdichados porque la realidad no se asemeja a sus sueños? ¿Quién escribe intensos dramas con brillantes aunque fatales argumentos? Pues ni más ni menos que el niño que sigue vivo en nosotros. Si la letra de tantas y tantas canciones románticas fuera el sensor que nos informara de los asuntos emocionalmente claves en las relaciones de pareja, el resultado sería inequívoco: la pareja tendría poder sobre la vida y la muerte y, además, supondría el sentido de la vida. Escuchamos, por ejemplo: «No puedo vivir sin ti», «me moriría si te vas», «sin ti nada tiene sentido», «no hay más infierno que tu ausencia», etcétera. Si analizamos con cuidado estas frases, veremos que sólo pueden venir de un niño. Para un niño podrían ser frases reales, pues a tan corta edad la ausencia de la madre o de los padres se vive como un infierno. Su dependencia es tan grande que, sin ellos siente que no lograría sobrevivir o que no tendría sentido vivir: sin ellos podría morir, literalmente. Así que el mensaje popular que puebla estas canciones se refiere al amor de pareja en su versión infantil.

Como he dicho, somos mamíferos y necesitamos el contacto y la mirada para sentir que vivimos. Y no se trata sólo de palabras: durante la segunda guerra mundial se tuvo constancia de que, en ciertos orfanatos en que los bebés eran formalmente alimentados y cuidados pero adolecían de un otro significativo que los mirara, acariciara y estableciera con ellos un vínculo personal, los niños se dejaban morir. Se lo denominó «marasmo hospitalario». Como si, con su muerte, los bebés manifestaran que la vida sin conexiones amorosas significativas no puede triunfar sobre la muerte.

Cuando se trata de la pareja, hay que preguntarse sobre la calidad de ese amor: ¿Es posible llegar a implicarse real y profundamente y construir bienestar en una relación sostenida por dos niños? ¿Es la pareja una relación materno/paternofilial o una relación entre adultos? ¿Qué es legítimo y razonable pedir y esperar en una relación de pareja y qué no? ¿Qué corresponde al niño y qué al adulto?

3

LA MALA NOTICIA: NADIE PUEDE HACERTE FELIZ

También hay una mala noticia, reverso de la anterior: nadie tiene el poder de hacerte feliz.

Muchas personas esperan que su pareja las haga felices, y eso es fuente común de equívocos. Convengamos que si nadie tiene la llave de tu desdicha, tampoco la tendrá de tu dicha. La pareja por sí misma no da la felicidad. Da muchas otras cosas, y cuando estas cosas están presentes y se conjugan adecuadamente experimentamos felicidad, pero la verdadera felicidad es la conexión con el latido de la vida. A través de la pareja tendrás intimidad, sexualidad, ternura, vinculación, sentido de pertenencia, confrontación, crecimiento... Y, si lo sabes llevar bien, te acercarás a un tipo de gozo, pero la felicidad es otra cosa: es un estado. La pareja te puede dar felicidad, pero no tiene el poder de hacerte feliz, lo cual es un matiz muy importante.

Esta segunda noticia cuesta un poco más de digerir. Y es que es maravilloso cuando uno está con la pareja y percibe o transmite algo así como: «Tú, o eso que haces, dices, muestras, me hace muy feliz». Este tipo de frase abre sonrisas en nuestras relaciones y siembra alegría. Sin embargo, muchas parejas fracasan cuando, pasado el natural espejismo provisional del enamoramiento, sus miembros son incapaces de tomar y aceptar en su totalidad la realidad del otro, incluida la habitual incapacidad para proveernos de felicidad y colmar todas nuestras expectativas. Otras parejas, afortunadamente, son capaces de ver un poquito más allá de este espejismo: consiguen vislumbrar realmente al otro y, a partir de esa visión de lo real, aprenden a amarlo. De este modo, se abren a la posibilidad de elegir seguir adelante y construir un proyecto común de relación y de vida.

Para unos y para otros se perfilan inevitablemente una serie de preguntas funcionales: si la pareja no nos da la felicidad, entonces, ¿cuál es su propósito?, ¿para qué sirve?, ¿en qué nos resulta útil?, ¿de qué manera nos nutre? Responder a estas cuestiones es, en buena medida, el propósito de este libro.

La idea de que la pareja debe hacernos felices no sólo es una falacia individual, sino que pertenece a nuestro imaginario colectivo. Ello se debe a que la pareja es un ingrediente, aunque no el único, de un estado interno que experimentamos como gozo y armonía y que consiste en sentirnos vinculados, pertenecientes, unidos y en familia. A través de la pareja nos sentimos acompañados y ahuyentamos la temida soledad, esa «conciencia trémula que se asoma al borde del mundo para otear el frío e insondable abismo sin vida», como nos la describe Bertrand Russell. Al fin y al cabo, somos mamíferos, animales gregarios y sociales, alimentados y vitalizados por nuestros roces y relaciones.

Las parejas reales refutan esa extendida idea de que el otro debe ser la fuente de su felicidad, lo cual no les impide sentirse muy felices en pareja y tratar de hacer feliz al otro. Cuando esto ocurre, lo sienten como un logro y una realización conmovedora. Muchas parejas reales admiten que el otro no les trajo mayor felicidad, sino mayores retos y complicaciones, así como una mayor capacidad para afrontar problemas y diferencias de valores, deseos, costumbres y creencias. En definitiva, la mayoría de las parejas reales (no aquellas con las que fantaseamos) coinciden en afirmar que su relación no es un camino de rosas, sino también de cantos acerados que conviene afrontar y redondear; que, además del goce amoroso en ciertos momentos, de la sexualidad y la ternura en otros, de sentirnos acompañados, de la alegría de dar vida y cuidar de ella si tienen hijos, deben afrontar conflictos y desacuerdos y, en ocasiones, incluso sienten que la relación y la convivencia les debilitan, desgastan y desvitalizan, por lo que necesitan revisarlas cada tanto y realizar cambios. Las parejas que perduran afrontan distintos ciclos vitales y retos, como la crianza de los hijos, su crecimiento, su autonomía, la muerte de los padres, la vejez, etcétera, y a menudo necesitan movilizar grandes recursos para salir airosos y reforzar su vínculo.

Si aceptamos que la pareja no tiene que proporcionarnos la felicidad ni puede hacerlo, y nos entregamos a la misteriosa y aparente indeterminación de la relación, iremos dejando atrás fabulaciones, preconceptos e idealizaciones sobre el amor, y estaremos sin duda más dispuestos a vérnoslas con el reto que significa sumergirnos en las interioridades del «campo de la pareja», esto es, el espacio de vivencias que une, vincula, comunica, susurra intimidad y atrae luces y sombras entre dos personas tocadas por el amor o, al menos, por el deseo y la elección voluntaria de ser pareja. Cualquier terapeuta que trabaje con parejas y se haya sumergido en sus interioridades sabe que el campo de la pareja se parece muy poco al paraíso romántico que muchos imaginan, quizá seducidos por las imágenes ideales que nos suministra una cultura de tonos infantiloides que, por encima de todo, promueve el consumo de edenes artificiales.

He aquí la dialéctica del vivir: debatirse entre lo real y lo ideal, bañarse en los hechos o colorearlos con nuestras imágenes interiores, recibir la caricia o el golpe inevitable de los acontecimientos, o vestirlos con los trajes y las explicaciones que más nos convienen para otorgarles significado y así soportarlos. La vida es un diálogo, con suerte ameno y creativo, entre nuestras pasiones, imágenes interiores e ideas, y los hechos, que siempre acaban imponiendo su soberanía. Tarde o temprano, todos somos invitados a viajar desde el paradigma al uso, lleno de deseos, temores e idealizaciones sobre lo bueno y lo malo, hacia el paradigma del amor compasivo hacia lo real, hacia lo que es. A todos se nos reclama deponer nuestro pequeño «yo» para abrir los brazos a una voluntad mayor; a todos se nos exige desprendernos de nuestras fantasías y aceptar el imperativo de lo manifestado. Vivimos nuestros días palpando cómo la realidad dibuja su propia voluntad con independencia de nuestros ideales, de nuestros sueños más queridos, aunque a veces se parezca a ellos. Así es también en el campo de la pareja. Y la gran tarea consiste en aprender a amar, integrar y gozar lo real entre ambos, mientras nos despedimos con cariño de nuestras idealizaciones, quizá para descubrir, maravillados, que la entrega a lo real multiplica y refina nuestra alegría interior de una manera que ni siquiera podíamos atrevernos a soñar en nuestras mejores fantasías.

¿Hay algo que nos haga más felices que ser amados realmente tal cual somos? ¿Podemos darle a nuestro ser querido un regalo mejor que amarlo en su realidad, tal cual es? ¿No es lo que todos deseamos dar y recibir? En este sentido, el amor de pareja es un reto progresivo de amor a lo real, a lo real del otro y a lo real de aquello que la relación hace posible o nos niega, por lo menos mientras la seguimos eligiendo.

4

¿PARA QUÉ, ENTONCES, LA PAREJA?

¿Cuál es, entonces, el sentido de la pareja? ¿Para qué vamos hacia ella? ¿Qué es posible vivir, dar, esperar y obtener de la pareja?

Como he explicado, una de las necesidades más profundas de los seres humanos es la de pertenecer, la de estar en contacto, la de sentirse unido amorosamente con otras personas. Vamos hacia la pareja, en primera instancia, porque somos mamíferos y necesitamos el roce, el calor; porque somos seres vinculares, empáticos, amorosos, generosos y necesitados al mismo tiempo, de manera que solemos vivir en un estado de carencia y de falta, y a la vez de abundancia y grandeza, y albergamos el deseo y la esperanza de dar y recibir, y de encontrar a través del otro un camino de compañía y una calidez existencial que nos traiga regadío. Si fuéramos cocodrilos, reptiles de sangre fría, nuestras necesidades serían otras, pero para un mamífero no hay mayor necesidad que la de formar parte de un colectivo y estar en contacto con otras personas. Aunque quizá nada nos falte desde una perspectiva espiritual, en el plano de las pasiones humanas hay algo que debe ser calmado, liberado o llenado: necesitamos encontrar plenitud en nuestras relaciones y calmar nuestra sed de dar y recibir amor. Esto nos permite trascender el yo: pasar al nosotros, a la unión.

Cuando somos niños experimentamos una gran felicidad al sentir que pertenecemos a nuestra familia, sin importar si su atmósfera es alegre o tensa. Vivimos esa pertenencia como una bendición en nuestro corazón. Después crecemos y, como adultos, seguimos perteneciendo a nuestra familia de origen, pero ya no experimentamos la dulce sensación de pertenecer a nuestros padres. Ahora necesitamos sentir esa pertenencia con otras personas, especialmente con la pareja. Al comprometernos en un camino de amor, como adultos, eligiendo a un compañero/a creamos el marco para un nuevo núcleo familiar, con hijos o sin ellos, y experimentamos de nuevo que formamos parte de algo. De ahí que esperemos de la pareja la tonificante sensación de pertenecerse, de saberse pertenecidos el uno al otro; la seguridad, en definitiva, de que estamos juntos en un camino, al menos mientras sea posible. Tenemos derecho a experimentar ese sentimiento de pertenencia, pero no a esperar que la pareja cumpla todas nuestras fantasías, que apacigüe todos nuestros temores, que cure todas nuestras viejas heridas. Si ocurre algo (o mucho) de eso, será un regalo, pero como expectativa resulta excesiva. Y un exceso de expectativas puede ahogar el amor.

Por otro lado, puesto que inicia su sentido a través de la sexualidad, la pareja cubre nuestras necesidades de placer, intimidad y confianza física. Con el sexo, por lo menos entre parejas de hombre y mujer, nos sintonizamos además con el potencial de dar vida y a continuación cuidar de ella, lo que experimentamos como concordancia con el flujo de la existencia natural y hace crecer en nosotros una vivencia de realización. También está la necesidad de proyectarnos. Después de un primer momento en que los miembros de la pareja necesitan mirarse el uno al otro, el sentido pasa a ser mirar hacia algún lugar común, a veces los hijos, a veces otros proyectos, gustos o intereses comunes.

Ya que en la pareja nos une justamente lo que nos separa, ésta se convierte en un espacio privilegiado para exponernos a lo diferente, porque tenemos distinto sexo y, si no, venimos de familias distintas, o de historias, culturas, creencias, hábitos, valores distintos. En la pareja aprendemos a hacer espacio a lo diferente, a respetar lo que nos resulta extraño. En este sentido, nos ofrece la posibilidad de crecer a través de la exposición a lo ajeno y de su integración.

Por mi experiencia como terapeuta, diría que la pareja se sostiene bien en tanto en cuanto nos provee de desarrollo y crecimiento, de motivación e impulso. O sea, en tanto sigue siendo interesante para nuestro propio camino de realización y nos permite ir abriendo nuestro corazón, más y más. En este sentido, la pareja es en realidad un vínculo profundo pero basado en un contrato, o sea, una relación contractual, condicional, diferente por tanto a la relación entre padres e hijos, la cual es, al menos en principio, incondicional. Muchas veces vemos que en las parejas hay una especie de contrato invisible, nunca explicitado, que los dos pactan sin saberlo ni reconocerlo abiertamente, como si dijeran, de algún modo: «Yo me ocupo de estos asuntos, que para ti son difíciles, y tú te ocupas de esos otros, que para mí son difíciles». A veces, por ejemplo, puede ocurrir que la mujer le dice al hombre: «Yo me ocupo de que tú no tengas que desarrollarte en el ámbito relacional o emocional, de que no tengas que enfrentarte a ciertos temores en este plano»; y a veces el hombre le dice a la mujer: «Yo me ocupo de que tú no tengas que encarar tu inseguridad respecto a tu autonomía y tu valor». Hay miles de variantes a través de las cuales los miembros de la pareja, en un plano no consciente e invisible, tratan de protegerse el uno al otro de sus sombras y completar sus carencias. En este sentido, la pareja es un contrato, muchas veces oculto, de ayuda, entendida como protección frente a las dificultades. Lo que sucede es que a menudo, cuando la pareja camina y se desarrolla y pasa el tiempo, uno de los dos, o los dos, siente que eso ya no es suficiente, que vive en una cárcel demasiado cómoda, y que crecer y madurar significa también atravesar sin el otro sus dificultades interiores, o entregar al otro a las suyas propias. Entonces puede suceder que uno de los dos, o los dos, decida hacer un cambio importante. Por ejemplo, que ella o él digan: «Es demasiada carga para mí tomar sobre mis espaldas tus dificultades o tus temores; en esto ya no puedo acompañarte y necesito retirarme». Es un intento de seguir ayudando al otro, pero esta vez enfrentándolo a sus dificultades (y enfrentándonos a nuestras dificultades), lo cual conlleva crecimiento en forma de crisis, desencajes, fricción, y en ocasiones quizá separación. Pero hablaremos más adelante de lo que nos separa. Sigamos viendo ahora lo que nos une.

5

ENAMORAMIENTO, ELECCIÓN, COMPROMISO, ENTREGA

Cuando dos personas se encuentran en las arenas amorosas, se atraen y se sienten tocadas por una gracia especial, se abren a un movimiento maravilloso, a un ferviente anhelo de vivir. A menudo se sienten incontrolable y ciegamente movidas hacia el otro y por el deseo del otro. Es un estado de gracia y de apertura donde todo brilla; un estado que muchas personas desearían permanente, pero que tiende a no durar, pues en realidad para muchas personas el enamoramiento suele suponer una intensa proyección de sus anhelos más queridos y secretos. La mayoría de las veces, enamorarse significa: «Me mueves mucho, pero te veo poco» (es decir, veo poco lo que en realidad eres, y veo mucho lo que en realidad deseo ver). Dicho más claro: en el enamoramiento no vemos a la otra persona tal como es, sino como anhelamos y esperamos que sea. Y, aunque sea de forma inconsciente, albergamos la esperanza secreta de que, a través del otro, los asuntos no resueltos de nuestra infancia o de nuestra familia de origen encontrarán un camino y quizá una solución. En el enamoramiento entran en juego de manera inconsciente complejos mecanismos de reconocimiento del otro y de la atracción que sentimos hacia el otro, que guardan resonancia con nuestra historia o sistema familiar de origen, además de representar una oportunidad concreta para la unión y para disparar nuestras flechas creativas al torrente sanguíneo de la vida.

Seguramente también es cierto que en el enamoramiento se produce una apertura y una inspiración inigualables en las que podemos percibir la profunda belleza del ser del otro, y verlo lleno de sus dones y talentos. Pero, al mismo tiempo, opera una particular ceguera en la que inventamos al otro a la medida de nuestras necesidades. Por tanto, y paradójicamente, el enamoramiento puede ser gracia y un enorme movimiento expansivo del corazón en el cual vemos luminosamente al otro, y a la vez un oscurecimiento, en el que lo inventamos conforme a nuestras conveniencias. Y ambas cosas suceden al mismo tiempo, por incompatibles que puedan parecer. Sea como sea, algo nos hace vibrar con esa persona y sentir un movimiento irresistible hacia ella. Nos enamoramos, y nos mueve tanto ese ser que resulta un misterio incomprensible. Es cierto que la sexualidad es una realidad arrolladora, pero hay algo más: en esa persona reconocemos vibraciones que vivimos en nuestra infancia, y de alguna forma albergamos la esperanza de completar con ella aquellas cosas que quedaron como asuntos pendientes en nuestra infancia con nuestros padres, o de escenificar guiones y tramas inconscientes de nuestro sistema familiar de origen para que prosigan y encuentren su resolución. Ésta es una de las versiones habituales del enamoramiento: «Veo en ti mis anhelos, mis expectativas, el deseo de que algo cubra, rellene y complete aquello que no se completó en mi pasado afectivo».

¿Qué ocurre con el enamoramiento si la relación progresa? Que decae. Porque es un estado que, por su naturaleza, no dura demasiado. Desearíamos que lo hiciera, porque es maravilloso, pero es insostenible y tiende a transformarse. Después del enamoramiento, la relación empieza a significar otra cosa, algo así como: «Ahora voy viendo mejor quién eres, y ya no me mueves tanto, pero sí lo suficiente como para elegirte y continuar un camino común en alguna dirección (o no, y en ese caso elijo irme)». Aquí, la relación con la pareja deja de ser un movimiento incontrolable y pasa a ser una elección, a la vez que una mirada cada vez más cercana a cómo es en realidad el otro en todas sus dimensiones y sus imperfecciones. También, junto a la elección, hay una aceptación: «Te tomo de esta manera, con tu historia, tu pasado, tus orígenes, tus vínculos anteriores, tus hijos, etcétera. Te tomo con tus valores, temores, estilo afectivo, emociones, heridas, talentos, etcétera, y asumo la alegría y también los costes que supone un vínculo profundo en el alma contigo, y te quiero así», pues en toda relación se paga también un precio inevitable: cuando elegimos a alguien para un camino común, lo hacemos con todas las consecuencias, con todas las bendiciones y los riesgos que conlleva.

La siguiente fase o estado, si la relación prospera, es el compromiso. Más allá de los rituales y las formas que puede adoptar (fiestas, matrimonios, celebraciones, ritos), el compromiso es el fruto de un proceso y significa: «Ahora, nuestro amor, nuestro vínculo y lo que hemos creado en común tiene más fuerza y más peso que nuestras parejas anteriores y que nuestra familia de origen». Este nuevo sistema que hemos creado tiene ahora prioridad. Y entonces, la pareja empieza a hacer las cosas de una manera propia, diferente de la manera de la familia de cada uno, y crea una realidad propia que tiene más peso que las familias de origen. En el compromiso, dos personas, unidas por la sexualidad, por el amor, por el reconocimiento como igualmente adultos y válidos, por la decisión de compartir su intimidad, consolidan su camino común, fruto de haber integrado y tomado su pasado tal como fue, y logran que la energía de la relación fluya hacia el futuro. Sueltan sus lealtades y ataduras con los anteriores y se abren a un movimiento propio y creativo en su pareja.

Algunas parejas son visitadas por una fuerza superior, aún más grande que el compromiso: la entrega. El amor con entrega es un amor trascendente porque es el más generoso posible, porque en él se ama la vida y los hechos tal como son, despojándolos de pasiones egoístas. El sentimiento que preside es: «Te sigo amando a ti y a lo que a ti te dirige, con independencia de adónde te lleve tu propio camino, y también con independencia de adónde me lleve mi propio camino». Es un amor que está en sintonía con el movimiento de la vida y que veremos en detalle más adelante, cuando hablemos de la pareja como proyecto y vivencia espiritual.

Hay personas que se pasan la vida enamorándose y desenamorándose, personas que exploran relaciones y no eligen ninguna, personas que eligen y se vinculan, pero no logran el compromiso profundo y real necesario para que su relación tenga más peso y fuerza que lo anterior, y personas que alcanzan las cumbres del amor generoso a través de una entrega mayor a la fuerza misteriosa que mueve los engranajes de las cosas.

6

SEXUALIDAD E IGUALDAD

Suelo decir que la pareja se fundamenta en dos cosas muy simples, a modo de gruesos pilares: por un lado la sexualidad, que mueve incansable las gigantescas ruedas de la vida e impulsa a los amantes, y, por otro, la estricta igualdad de rango entre sus miembros.

Lo que funda la pareja es la sexualidad, que además de aportar intimidad y goce es el vehículo de entrada de la vida. Ante la fuerza de la sexualidad experimentamos el asombro y la grandeza de la creación, ya que la pareja no deja de ser una vibración creativa, y su unión, algo espiritual, ya que el espíritu actúa en ella para que la vida siga su curso.

A través del encuentro amoroso y de la relación de pareja permitimos que la sexualidad actúe y se realice en nosotros, y también nos exponemos a todas sus consecuencias: la vida, el cuidado de la vida y la potencialidad de la muerte. Éste es un gran abismo y a la vez un gran honor para la pareja.

Hay parejas que renuncian a la sexualidad o no la viven durante un tiempo (la vida sexual puede atravesar distintas fases en función de los ciclos vitales que alcanza), pero siguen en relación porque se mantienen juntos y comprometidos, porque se quieren, se siguen eligiendo y se acompañan, pues también la compañía, el cuidado, la ternura y la amistad son importantes. No obstante, la sexualidad funda en un inicio la pareja y es la gran fuerza de entrada a la vida. Una fuerza arrolladora. De hecho, me atrevo a lanzar la idea lúdica de que los hijos permanecerían con sus padres si no se sintieran empujados por la sexualidad hacia una vida adulta.

Como fuerza, la sexualidad es idéntica tanto en parejas homosexuales como heterosexuales, y es movida por el mismo propósito y por el mismo espíritu. Aunque las personas del mismo sexo no pueden concebir hijos, sí pueden cuidar de ellos y hacer crecer la vida.

Conviene decir de paso que la sexualidad es una fuerza mayor que el amor y crea vínculos inevitables, incluso algunos que no se eligen voluntariamente. Por ejemplo, hay personas que engendran hijos por haberse expuesto a la sexualidad, aunque no sientan amor, o incluso sintiendo desamor y repulsa, como en el caso de las mujeres violadas.

Si, además de la sexualidad, la relación se rellena y perfuma con amor, ternura, respeto, alegría, fragilidad, amistad, humor y algunos ingredientes más, la pareja se siente regalada.

El otro ingrediente en que se fundamenta la pareja es la igualdad. La igualdad de rango, que quiere decir que ambos tienen el mismo nivel, la misma altura, idéntico valor y dignidad. La pareja, por definición, es un lugar donde nos encontramos como iguales, como pares. Si no hay igualdad, en verdad no hay pareja, sino otra cosa, otro convenio, por lo general poco feliz. De algún modo, la cizaña en una relación empieza cuando uno de los dos piensa: «yo soy mejor que tú» o «yo soy peor que tú». Ambas posiciones, ponerse por encima o por debajo, agrandarse o empequeñecerse, tensan las cuerdas de la alquimia emocional de la pareja y constituyen la semilla del maltrato, que cuando crece y crece se transforma en juegos psicológicos fatales y en violencia (de cualquier tipo).

En realidad, la mayoría de los problemas, si miramos esta cuestión desde una atalaya panorámica mayor, parten de que alguien se empeña en definir una porción de la realidad como mejor que otra, de que alguien insiste en decidir qué es bueno y qué es malo, y se arroga el derecho a imponerlo y a enjuiciar, en nombre de éticas y falacias que suelen tener un trasfondo emocional impetuoso e infantil. Y en la pareja, cuando uno de los dos se siente mejor que el otro, o que la familia del otro, en lo profundo, en el alma, surgen las fisuras, porque la pareja, a pesar de lo diferentes que puedan ser sus miembros, debe apoyarse en la igualdad sentida y reconocida de corazón.

Una de las grandes proezas a que nos invita la pareja consiste en el progresivo desarrollo de la experiencia de igualdad real entre ambos. Ya sé que muchas personas se consideran a sí mismas en igualdad de rango con su pareja, pero aquí no estoy hablando de ideología sino de experiencia real, profunda y verdadera. Estoy hablando de nuestra verdad interior. Ya sabemos que si las buenas intenciones dieran buenos resultados, el mundo sería un lugar más agradable. Y que si los buenos pensamientos dirigieran el mundo, habría menos sufrimiento. Sin embargo, lo que toma la delantera y domina nuestra vida es la verdad real acerca de nosotros mismos y de nuestros sentimientos y vivencias íntimas, no nuestra ideología. ¿Cuántos afirman ideológicamente que se sienten iguales a su pareja y a continuación descalifican, por ejemplo, sus orígenes o su entorno o su comportamiento? ¿Cuántos, en el sentido opuesto, se morderán y criticarán a sí mismos en un alarde indigno de posición *down*, de autorrebajamiento?

Una gran proeza interior para todos consiste en comprender que «mejor» y «peor» son conceptos de la mente, no de la realidad; comprender que el pleno respeto del otro y hacia el otro se plasma cuando sentimos que el otro, cualquier otro, es estrictamente idéntico a nosotros para la vida; comprender que lo calienta el mismo sol y lo refresca la misma lluvia, con independencia de justos y pecadores, como reza el Evangelio.

Más adelante veremos cómo se cuida esa igualdad a través del equilibrio en el intercambio entre el dar y el tomar, y en los respectivos posicionamientos en la relación. No es un equilibrio fácil. A veces, por amor a la pareja, uno da un poco más que el otro, con lo cual éste corre el riesgo de quedar más pequeño. Pero también puede ser aconsejable que, por genuino amor, se dé un poco menos, en función de lo que el otro puede recibir y devolver dentro de sus posibilidades. Conviene cuidar bien de este asunto y evitar lo que podríamos llamar «los males del dar», que iremos viendo. Si uno da mucho y el otro puede recibir o devolver poco (aunque tal vez exija mucho), se crea frustración y desigualdad, y entonces en un sentido profundo puede que ya no haya pareja, que falte la paridad. «No camines por delante de mí, puede que no te siga. No camines detrás de mí, puede que no te guíe. Camina junto a mí y sé mi amigo», escribió Albert Camus. A lo que se podría añadir: «No camines por encima de mí, puede que te pierda de vista, y tampoco por debajo de mí, pues podría pisarte; caminemos juntos, lado a lado». Esto es igualdad.

7

UN ESPACIO PARA EL CRECIMIENTO

La pareja, como hemos visto, no nos va a dar la felicidad, pero nos puede ayudar a crecer. De hecho, creo que la pareja es un espacio ideal para el crecimiento de las personas, pues con ella nos despedimos del niño o la niña que fuimos e ingresamos en el mundo de los adultos. En este sentido, si la tomamos con la atención y el cuidado debidos, si como adultos estamos dispuestos a la travesía de la intimidad y el amor de una manera real y respetuosa con lo que va sucediendo en cada momento, puede suponer un reto para nuestro crecimiento como personas. Porque es seguro que tendremos que revisar algunos de nuestros modos de funcionar, algunas costumbres y pautas de relación, algunos hábitos y creencias, algunos temores y exigencias.

La relación de pareja no es una relación de ayuda, pero es una relación que ayuda. Ayuda al desarrollo personal, a veces a través de la alegría, pero otras a través del sufrimiento y la desazón conscientemente aceptadas. Probablemente, nada ayuda más al propio crecimiento que asumir de manera consciente el dolor y hacerle espacio en nosotros, como nos enseña el maestro espiritual Gurdjieff, en lugar de defendernos de él a toda costa y todo el tiempo, edificando barreras de protección que acaban por alejarnos de nuestro corazón. Más que lo expansivo (las ganancias) es lo retroactivo (las pérdidas) lo que moldea las curvas de nuestro ser al limar las asperezas de nuestra identidad cristalizada.

Habría que aclarar a qué me refiero cuando hablo de crecimiento. Para mí, crecimiento no significa más yo, sino más tú. Crecimiento apunta a la expansión hacia lo extraño, a la inclusión como propio de lo ajeno, al amor a lo diferente. Y, en la pareja, el otro es lo diferente, el otro es siempre el misterio a reconocer y respetar. «Quien para sí crece, del crecimiento abusa», reza un verso de Shakespeare.

Los seres humanos nos reconocemos mejor en el diálogo que en el monólogo. El monólogo adolece de contraste, nos aleja del mundo; cuando nuestro diálogo interno se vuelve un torbellino y nuestros pensamientos no encuentran reposo podemos enloquecer y resbalar hacia el abismo por exceso de inmersión en nuestras fantasías y déficit de contacto con el otro real. Desde niños descubrimos quiénes somos cuando somos atestiguados por las personas que nos quieren, cuando nos descubrimos en su mirada, en la interacción y en el diálogo con ellos.

Con la pareja como vínculo crucial seguimos descubriéndonos, encontrándonos a nosotros mismos. Sólo podemos encontrarnos a través de la intimidad, a través del otro, dispuestos a ser confrontados y desnudados en ocasiones. No es posible el viaje en solitario. No se avanza en soledad, o en todo caso no se llega muy lejos. Y aunque muchas de las tradiciones de la sabiduría promueven el camino de la retirada del mundo, es muy probable que se estén refiriendo metafóricamente al mundo del yo, con sus vehementes deseos y sus irracionales temores, y no tanto al mundo de las relaciones y de las tareas cotidianas y sencillas.

Ocurre a menudo, en el campo de la pareja, que los perros salvajes que, según Nietzsche, debíamos escuchar para volvernos sabios, siguen ladrando en el sótano de cada uno: miedos, penas, tristezas, deseos vehementes, enojos, envidias, celos, etcétera, todos derivados de las dificultades vividas en los vínculos amorosos primeros, que ya reflejan la temprana falta de confianza en el Ser y en el genuino amor. Inevitablemente, el encuentro de la pareja se organiza también en torno a la sintonía con los perros salvajes que ladran en el interior del otro, con las respectivas grietas e imperfecciones. Esto quiere decir que muchas veces en la pareja nos encontramos y engarzamos con el otro por sintonía con las respectivas dificultades. Como he apuntado, es muy común que se establezca un pacto implícito de cuidar el uno del otro en aquello que le es difícil, que puede situarlo en una posición de fragilidad. Por ejemplo: «yo me ocuparé de los sentimientos y tú de las acciones», o «yo soy fuerte y tú débil, así que yo me ocupo de que no tengas que afrontar tu propia fuerza ni yo mi propia debilidad», y mil etcéteras y combinatorias creativas. En ese caso, los miembros de la pareja se protegen, pero al mismo tiempo da lugar a una paradoja extraña: mientras se protegen, se impiden mutuamente el desarrollo.

Podemos crecer mientras nos protegemos, pero nos desarrollamos especialmente cuando dejamos de hacerlo, porque el verdadero crecimiento ocurre cuando cada cual se enfrenta a aquello que teme o a aquello de lo que cree adolecer. Así, un día, uno de los dos incumple el pacto nunca explicitado y estalla el conflicto. Sobreviene la crisis y hay dolor, pero también la oportunidad de reorganizar, crecer, ampliar; la oportunidad de aprender y ensayar nuevos espacios internos, identidades, sentimientos y nuevas conductas. Nuestras sombras, al fin, alumbran nuestra humanidad.

8

LAS CINCO CONDICIONES PARA EL BIENESTAR DE LA PAREJA

He visto a muchos hombres y mujeres sufrir porque pretendían formar una pareja que iba en contra de su propia naturaleza, de su propio estilo de vida, de sus propias necesidades, deseos e inclinaciones; por querer adaptarse al modelo de los padres y de la familia en general, a lo que «debe ser» o a determinados modelos sociales imperantes. O por querer satisfacer los mensajes que vienen de las frustraciones y penalidades de sus anteriores: «no te cases y mantén tu autonomía», «no te fíes y mantén a salvo tu corazón», «en la pareja hay que imponerse y controlarlo todo», «adáptate al otro y todo irá bien», y mil etcéteras. He visto a demasiadas personas sufrir grandes turbulencias emocionales y dolorosos desencuentros amorosos al empecinarse en imposibles, o en vanas esperanzas con sus parejas. Quizá la más tremenda de todas las esperanzas vanas sea la de que el otro cambiará y por fin se ajustará a lo que deseamos.

En la pareja activamos esquemas afectivos y pautas de relación que se imbrican y engrasan creando un campo compartido de bienestar cuando va bien. Y todo lo contrario cuando va mal: un campo de batalla, con su reguero de destrucción y pena. En verdad, resulta triste que haya tanto dolor en las parejas y no se materialice el amor que sienten o sintieron en su momento, por tratar de ajustarse a un esquema o pauta ajenos. A mi juicio, no hay modelos ideales que debamos seguir, sino relaciones reales, y cada pareja debe encontrar su propia manera afilando su sensibilidad y evitando traicionar la inteligencia de su corazón.

No hay esquemas preestablecidos, por tanto, pero sí condiciones que facilitan o dificultan la relación de pareja. Hay criterios que nos permiten reconocer si nos estamos juntando con la persona adecuada o no, si estamos más cerca o más lejos de que el amor se logre. Arnaud Desjardins, discípulo del sabio hindú Swami Prajnanpad, explica en su libro *Una vida feliz, un amor feliz* los cinco criterios que su maestro le enseñó para reconocer el valor profundo de una pareja. Cuando éstos se cumplen, la pareja vive en armonía, y sus asuntos son alegres y serenos.

La primera condición es que sea fácil, que fluya sin demasiado esfuerzo. Que las cosas sean cómodas, que no tengamos que malgastar grandes cantidades de energía en emociones ni se nos obligue a luchar contra éstas. Cuando esta condición se da, existe una comunión real, una comodidad que no es rutinaria, en la que no hay dramas ni tragedias, sólo bienestar. Todo se desenvuelve con naturalidad, y las cosas resultan fáciles y gráciles.

A veces nos juntamos con personas con las que, inexplicablemente, todo chirría, todo es complicado y se avanza con pesadez y esfuerzo. No necesariamente se trata de parejas: pueden ser socios, amigos, vecinos, conocidos, etcétera; a veces son personas con las que, no sabemos por qué y a pesar de nuestros deseos, la relación no fluye con naturalidad. Con otras, sin embargo, todo resulta sencillo y se desliza con provecho. Ayuda, sin duda, el tener estilos afectivos parecidos o que engarcen bien.

Es cierto que podemos modificar un poco las pautas afectivas y de relación que hemos aprendido, resolver asuntos emocionales pendientes que nos han construido en nuestra niñez y que forman parte de nuestra identidad, pero no debemos hacerlo radical o completamente, y tampoco es siempre necesario. Podemos cambiar un poco el estilo afectivo, pero vale la pena juntarnos con personas cuyo estilo afectivo encaja bien con el nuestro. Es fácil saber cuándo los estilos afectivos y las pautas favoritas de relación de cada uno son compatibles: cuando apenas hay discusiones, cuando las emociones fluyen sin grandes altibajos y cuando la relación es nutritiva para ambos. Cuando uno más uno suman mucho más que dos, y no menos que dos. Si la relación no es nutritiva, se produce un desgaste en las personas y el cuerpo siente tensión y se desvitaliza, lo cual es una señal de alarma o preludia una enfermedad.

Algunas personas llevan cincuenta años viviendo en pareja y se tratan muy mal y se insultan constantemente, y la gente a su alrededor se pregunta: ¿qué sentido tiene?, ¿por qué siguen juntos? Pues porque también el intercambio negativo, el intercambio desde el malestar y el maltrato, crea vínculos muy profundos entre las personas, y aunque éstas son infelices y desearían separarse, el vínculo es muy fuerte y por desgracia no pueden enfrentarse al terror de la soledad. Estas parejas a veces desean que el otro muera, o se lo dicen abiertamente en su penosa lucha de amores lastimados, reconvertidos en miedos y reproches, pero cuando el otro muere, entran en una grave crisis, se deprimen durante mucho tiempo y añoran la presencia del compañero que han perdido. Esto significa que el vínculo no crece con fuerza únicamente en el intercambio positivo y fácil, sino también en el negativo y difícil. Algunas personas se ven incapaces tanto de cambiar como de separarse, pues eso las enfrenta a un gran abismo, y eligen seguir en el intercambio negativo, y es respetable aquello que elijen, pues ¿quién sería capaz de decir cuál es la forma correcta de vivir y cuál es el camino bueno para cada uno? Sin embargo, el precio es enorme. Y uno no puede dejar de aconsejar relaciones en las que queramos y nos sintamos queridos, y que además estemos a gusto y exentos de tremendas y desgastantes pasiones y sentimientos turbulentos que consumen y dilapidan nuestra energía.

La segunda condición de Prajnanpad es que se trate de dos naturalezas no demasiado incompatibles, no demasiado diferentes. Que la comprensión del otro no esté más allá de nuestras capacidades. A menudo, la fascinación amorosa ignora con soberbia la incompatibilidad de dos naturalezas, y las personas creen amarse de buena fe pero carecen de la posibilidad de una comprensión verdadera. La compatibilidad del hombre y la mujer, o de cualquier pareja descansa sobre la diferencia, pero también sobre la posibilidad de asociación, imbricación y complicidad.

Esto es fácil de entender: si a ella le gusta mucho subir a pie a las montañas y comerse un bocadillo sentada en una roca y a él le gustan mucho los coches glamurosos y los restaurantes de lujo de la ciudad, se trata de naturalezas ciertamente diferentes; o si ella es judía y él musulmán o católico, se trata de naturalezas incompatibles, y esta diferencia deberá ser encarada, integrada y gestionada en la relación. De igual modo, si él viene de una familia muy rica y ella de una familia muy pobre, esto generará un diferencial en la dignidad, el respeto y la igualdad que deberá tratarse. No siempre es imposible salvar las diferencias, pero sí es imprescindible concienciarlas y afrontarlas para gestionarlas bien.

En cierta ocasión trabajé con una pareja en que el hombre, perteneciente a una familia inmensamente rica, se enamoró de una mujer que limpiaba en una de las casas de la familia. Se casaron, no sin la oposición de la familia de él, y tuvieron hijos. Para ambos fue muy difícil asentar la pareja, confiar y sentirse en igualdad, pues en lo profundo mantenían la lealtad a los códigos de las familias de origen y de su procedencia social. Y es que una pareja se logra como tal cuando, de alguna manera, sus miembros son capaces de unirse más en el reconocimiento claro de lo que los separa y llegan a amarlo; cuando para ellos la pareja se hace más importante que sus familias de origen; en suma, cuando el sistema creado gana más importancia que las familias de procedencia o que las parejas anteriores.

Se pueden encontrar naturalezas diferentes, o con diferencias capaces de generar complicaciones, en los estilos afectivos, en las expectativas, en los proyectos, en la realidad vital y cultural de cada uno, etcétera. También se dan, por ejemplo, cuando se juntan personas de distintos países o continentes, con costumbres y valores distintos, o muy especialmente cuando una de las dos deja su familia, sus amigos, su cultura y su trabajo para ir al país del otro. Cada país tiene modos distintos de entender la relación entre un hombre y una mujer o entre personas del mismo sexo, e incluso normas más o menos explícitas al respecto, y esto puede crear conflictos a pesar del amor. También las diferencias de edad, o de proyecto en función del ciclo vital de cada uno, pueden dificultar las cosas.

Aunque hay que saber que ninguna relación lo completa todo, sin duda genera unos espacios de vida, al tiempo que le son vedados otros: quizá podamos compartir nuestras aficiones literarias, pero no quepan nuestras aficiones culinarias; o podamos vivir una gran ternura mientras nos es escatimado el desenfreno sensual (o viceversa). Aunque la pareja está en constante metamorfosis, no todo cabe siempre en la casa de la pareja, pero si la seguimos eligiendo es porque sigue siendo una casa bonita y rica. Y, sobre todo, porque somos capaces de comprender y respetar el mundo del otro tanto como el propio.

La tercera condición es que los miembros de la pareja sean verdaderos compañeros, que se sientan como tales, acompañados, ya que el otro es también un amigo y la amistad no se desgasta con el curso de los años. Que puedan compartir sus peculiaridades, gustos, intereses, diferencias, complicidades. Que tengan a alguien al que entienden y que los entiende.

Esto pone el acento en que la relación de pareja también es una relación de acompañamiento en un camino común. Ambos se acompañan en los asuntos y vicisitudes del vivir, porque tienen propósitos comunes, porque juntos pueden mirar a lugares comunes, porque juntos miran todo aquello que es importante para él y todo aquello que es importante para ella, y todo aquello que es importante para los dos en los recovecos de sus almas.

La cuarta condición es tener fe y confianza plena en el otro. Que no sea necesario temer, desconfiar o protegerse para poder reencontrar un corazón inocente. Que el otro nos inspire una completa confianza sobre la cual se pueda cimentar un amor duradero, susceptible de crecimiento. Que tengamos la convicción de que el otro no nos va a dañar.

Ahora bien, ¿qué significa confianza? Cuando decimos confianza plena no se trata de una actitud infantil controladora hacia tu pareja, a la que reclamas sinceridad e infalibilidad absoluta. Sería más bien algo así como la confianza inocente que un niño pequeño siente hacia su madre, pero en el corazón y el cuerpo de un adulto. Confianza, por tanto, es tener la certeza de que el otro quiere nuestro bien y no nos va a dañar. Esto es importante, porque si vivimos con alguien y no estamos seguros de que quiere nuestro bien empezaremos a tener miedo y tensarnos, y el miedo es el peor enemigo del amor y de la apertura de corazón. De manera que es importante sentir que el otro es bueno y quiere nuestro bien y que podemos confiar en él.

Ahora bien, también tenemos que saber que cualquier vínculo de intimidad importante trae sus dolores y nos hace recordar antiguas traiciones o indefensiones, de manera que también nuestra pareja en algún momento puede dañarnos, o nosotros a ella. Confianza significa esperar que el otro cumpla sus compromisos y procure nuestro bien, pero también debemos ser conscientes de que en algún momento tal vez no lo haga, y aceptarlo teniendo la certeza de que podremos resistirlo y sobreponernos a ello. La confianza, por definición, no exige garantías.

En algunas parejas, la confianza va desapareciendo y se instala su opuesto: el miedo. En mi experiencia, cuando el miedo se ha consolidado en una relación durante un largo tiempo ya no hay vuelta atrás, y la única salida a la enemistad suele ser la separación. No conviene dormir con el enemigo, ya que miedo y agresión se alimentan mutuamente. Mejor hacerlo con el amigo, ya que confianza y sonrisas también se realimentan. Con confianza sentimos paz, cooperamos y la vida transcurre más dulcemente.

La quinta y última de las condiciones es, si cabe, la más difícil de cumplir: el deseo espontáneo de que el otro esté bien, lo cual quiere decir, el deseo de que esté bien por encima de nuestros miedos o carencias. Digo que es difícil de cumplir porque en los tiempos actuales, en los que se vive la pareja más al servicio del yo que del tú o del nosotros, es más común que uno tenga el impulso espontáneo de que el otro lo haga feliz, y no de hacer feliz al otro. La palabra «espontáneo» es el epicentro de esta cuestión, y se trata de un sentimiento que no se puede fabricar artificialmente. Se da o no se da. Lo sentimos o no lo sentimos. Consiste en ver al otro con la inteligencia del corazón y no sólo a través de nuestras proyecciones y anhelos, y así lo amamos como es y le damos lo que necesita y espera recibir. Se trata de encontrar la propia felicidad con la plenitud del otro.

Es muy común que los padres sientan hacia los hijos el deseo espontáneo de que sean felices, y que estén dispuestos a dar mucho y hacer muchas cosas para su bienestar, pero eso no es tan común en la pareja. Muchos de nosotros, como niños egoístas, a veces anteponemos nuestro bien al deseo del bien del otro. Por eso, la pareja nos invita inequívocamente a desarrollar generosidad y verdadera consideración hacia el otro. Cuando lo logramos, cuando nos alegramos espontáneamente del bienestar del otro y hacemos lo que está en nuestras manos para que se produzca, sentimos una alegría redoblada.

Así que «sólo» se trata de cumplir estas cinco condiciones. Para tranquilizar al lector o lectora, diré que no conozco a ninguna pareja que las cumpla todas a rajatabla, pero también es cierto que aquellas parejas que únicamente cumplen una o dos lo pasan realmente mal.

9

EL EQUILIBRIO EN EL DAR Y EL TOMAR

Hay otro ingrediente importante para lograr el bienestar en la pareja, que podríamos agregar a los cinco anteriores: que haya un rico, positivo, fértil y equilibrado intercambio entre dar y tomar (y uso expresamente el verbo tomar porque sugiere acción, y no el verbo recibir, que evoca pasividad) entre los integrantes de la pareja. Y aquí de nuevo Prajnanpad nos ilumina con una frase sabia: «No hay dar sin recibir», aludiendo a que el dar se logra únicamente cuando encuentra recepción (y, añadiría yo, cuando puede ser compensado de algún modo).

Se trata de dar lo que tenemos y podemos, y lo que el otro quiere y puede recibir y es capaz de compensar de alguna manera, manteniéndose digno y libre. Se trata de recibir sólo aquello que el otro nos da, queriendo y pudiendo, y que somos capaces de compensar de alguna manera, manteniéndonos libres y dignos. Ambas ideas constituyen un saber simple que, si logramos aplicar bien en la práctica de nuestras relaciones, nos inmuniza contra juegos psicológicos y de poder que acarrean sufrimiento. Demasiadas relaciones se estropean y rompen porque quien se siente deudor vive con incomodidad su deuda, que muchas veces le hace sentirse pequeño y dependiente; y quien se siente acreedor también lo vive con incomodidad, pues le hace sentirse grande y con derechos. Deudor y acreedor, si no encuentran un modo de compensar y equilibrar su vínculo, dejan de poder mirarse confiadamente a los ojos.

En una relación de intimidad encontramos intercambio positivo, en el que damos y recibimos algo bueno que nos alegra, nos expande y suaviza nuestro corazón. Y también intercambio negativo, en el que damos o recibimos algo que daña o nos daña y tensa nuestro cuerpo. Obviamente, tienen mejor vida y pronóstico las parejas en las que el intercambio positivo es muy superior al negativo. Asegurémonos, pues, de que lo positivo supere en mucho a lo negativo, y lo agradable a lo desagradable.

La vida se enriquece y embellece dando y tomando. Es una idea crucial en el pensamiento de Bert Hellinger y de otros autores sistémicos, para los cuales todos disponemos de un órgano sensor interior en el que percibimos deuda cuando hemos recibido y el sentimiento de ser acreedores cuando hemos dado y creemos merecer ser compensados. Es una idea que circunda no sólo la pareja, sino todas las relaciones humanas; es decir, cualquier relación, de amistad, laboral, de servicios profesionales, etcétera. Entre adultos, el cuidado y el restablecimiento del equilibrio en el intercambio nos deja libres y nos hace dignos.

La naturaleza, en sus múltiples formas, nos dice que el intercambio es imprescindible para la supervivencia de los individuos y los sistemas, ya que cuando un sistema carece de intercambio tiende a marchitarse y desaparecer. Así sucede también en la pareja. Dar, tomar, ofrecer, recoger, entregar, recibir, dar, tomar, tomar, dar, regalar, agradecer, dar, tomar, brindar, aprovechar… son movimientos que van componiendo la danza que hace crecer la vida.

Ahora bien, ¿cómo se consigue un intercambio equilibrado en el ecosistema de la pareja? No siempre es fácil. A menudo sucede que uno de los dos (o ambos, cada uno por su lado) cree que da más que el otro, y, lo peor de todo, está convencido de que eso lo hace «mejor». Semejante idea va intoxicando la relación porque lesiona la igualdad de rango que otorga el equilibrio entre dar y tomar. De hecho, el pensamiento originario de la violencia en el seno de la pareja es a menudo: «yo soy mejor porque doy más que tú», o su reverso, «yo soy peor que tú porque no logro sacrificarme tanto, o entregarme tanto, o querer tanto como parece que me quieres tú a mí».

Si alguien sólo da o sólo toma, la pareja está amenazada porque corre el riesgo de plasmar un formato maternofilial en lugar de uno entre adultos. Quien únicamente da parece que se hace más grande, y quien sólo tiende a tomar parece que se hace más pequeño. A veces nos encontramos con parejas en las que la persona que rompe la relación y se va es, curiosamente, la que ha recibido mucho. Y se va justamente porque no puede soportar la presión de la deuda y porque sabe que no podrá compensarla y restaurar su estatuto de igualmente grande y digno al lado del otro. Recuerdo el caso de una mujer que provenía de una familia acomodada, con lo cual disponía de un mullido colchón económico. Su marido tenía un oficio artístico que le procuraba unos ingresos muy inciertos, con lo que asumía y aceptaba vivir gracias al colchón de su mujer. Sin embargo, cada día se sentía más enojado e impotente, y la esposa, más poderosa y con derechos. Lo que parecía un regalo, la abundancia económica de ella, ponía en peligro la relación a pesar del amor que sentían. Tuvieron que aprender a gestionar el amor de otro modo y poner más atención en la naturaleza de su intercambio: ella, moderando su instinto generoso, que le otorgaba derechos y más poder sobre él, y él, esforzándose para sostener la familia conforme a sus propios medios, por lo menos en igual medida que su mujer.

Este equilibrio no se da entre padres e hijos, precisamente porque el vínculo paternofilial se funda en la desigualdad de rango y en la imposibilidad de devolver lo recibido. Los padres son grandes y dan, principalmente, la vida, y la mayoría de las veces mucho más, mientras que los hijos son pequeños y toman. Sin embargo, los hijos también desean devolver lo recibido y compensar su deuda. Pero ¿cómo compensar lo que los padres nos dan? No podemos devolverles lo recibido, pero sí darles las gracias, reconocer lo que han hecho por nosotros y, en honor a ellos, tener una buena vida. El buen uso de lo recibido hace resplandecer lo dado. Además, en el ejercicio de la propiedad transitiva podemos dar lo tomado de nuestros padres a nuestros hijos o darle algo bueno a la vida; y, en otro nivel, acompañar y cuidar a nuestros padres, a nuestra manera, cuando lo necesiten en su ancianidad. Pero la pareja consiste en una relación entre adultos, entre iguales, y por eso necesita un intercambio justo.

No siempre es posible dar tanto como recibes, pero la verdadera gratitud de corazón y la alegría de recibir actúan a menudo como un bello mecanismo de compensación para lograr el equilibrio entre el dar y el tomar. A veces, el dar queda equilibrado por la radiante y genuina alegría y gratitud de quien recibe. Pero dar gracias y mostrar nuestro reconocimiento al otro requiere una gran humildad y apertura. En una ocasión trabajé con una pareja formada por un señor mayor, de unos sesenta años, y una mujer mucho más joven, de unos veinticinco. Él estaba lleno de experiencia, pero ella estaba llena de belleza, de pasión y de vida. Él tenía a sus espaldas varios matrimonios y unos cuantos hijos, y se mostraba un poco solemne y taciturno. Y ella lo miraba con un candor y un amor muy hermosos. Entonces le dije a él:

—Mírala, por favor, y dile: «Gracias por darme tu juventud».

Y él respondió:

—No quiero.

Ojalá este hombre hubiera podido tomar con gratitud y alegría lo mucho que ella le daba —su juventud, su belleza, su vitalidad, su amor—, pero en el fondo es probable que sintiera que era un regalo de la vida demasiado especial y que le costara asumirlo. Es cierto que él también le daba mucho a ella: experiencia, seguridad, estatus económico... Pero en el fondo seguramente se sentía en deuda con ella y aquello lo irritaba. Si este hombre hubiera podido agradecer y tomar con alegría, habría compensado el desequilibrio reconociendo que su mujer le estaba dando algo muy especial. El hombre no quiso hacerlo: no pudo tomar aquel regalo de la vida.

Hay casos en que un hombre o una mujer con hijos vuelve a casarse o emparejarse. Ahí, el miembro de la pareja que no tiene hijos da más, ya que toma al otro con sus hijos de parejas anteriores. No es que haya una incompatibilidad por ello, en absoluto, pero es mejor que ambos tengan clara conciencia del tema y que sepan manejarlo, pues puede generar fricción, dudas y deudas, no sólo por el lugar de la nueva pareja respecto a esos hijos anteriores, sino también por la gratitud y el reconocimiento que merece por lo que da y por el lugar que asume.

También hay parejas en las que, como ya he explicado, uno gana mucho dinero y el otro poco, de manera que uno de ellos puede dar mucho y el otro puede sentirse en deuda si no logra aportar algo valioso. Por eso es importante no tomar más de lo que, de una manera u otra, podemos devolver. Es maravilloso que dos adultos se encuentren, intercambien y luego sean libres para seguir juntos o para separarse, pero quien se siente en deuda no está libre, y quien se siente con derechos sobre otro tampoco está libre. Para quedarnos en un lugar y en una relación es mejor que sintamos la libertad de poder irnos, es decir, que sepamos que lo elegimos, que no estamos coartados. Y el desequilibrio entre el dar y el recibir puede generar juegos de poder que dan lugar a dependencias y sufrimiento en nuestras relaciones de intimidad, y desenlaces en los que uno de los dos se va impetuosamente.

Una vez trabajé con un hombre que no sabía si seguir con su mujer o separarse. La historia es que la mujer había tenido un primer hijo de una relación ocasional con otro hombre. Mi cliente se hizo cargo de ese hijo y le dio sus apellidos, y luego tuvieron dos hijos más en común. Él quiso quitar importancia a la existencia de aquel otro hombre, arrogándose la paternidad a todos los efectos, de manera que el mensaje que recibió la mujer fue: «Yo me hago cargo como padre y lo hago por ti». Así, la mujer sintió que estaba recibiendo algo excesivo, mientras que el hombre sentía que dando aquello quedaba por encima de la mujer y tenía control sobre ella. La relación se fue estructurando cada vez más de esta manera: él tenía control sobre ella, y ella cada vez se sentía más en deuda. Y cuanto más en deuda se sentía, más se alejaba. Y él decía, lleno de frustración y rencor: «Con lo mucho que he hecho por esta mujer y se aleja cada vez más». Pues quizá fuera precisamente ésa la razón: que por haber dado tanto a la mujer, contrariamente a lo esperado, ésta se alejara. Convendría tomar conciencia de que, para algunas personas, resulta más cómodo intentar manejar al otro con aparente generosidad en lugar de confiar y abrirse al amor real. Así que, si queremos amar bien y cuidar de aquellos que amamos, no debemos darles más de lo que puedan tomar y estén en condiciones de devolver manteniendo su dignidad, ni debemos tomar de ellos más de lo que podemos compensar de alguna manera.

Por desgracia, no hay baremos ni tablas de valores para ello, y cada relación siente en sus fibras interiores esta sutil alquimia de las cuentas pendientes y de las cuentas saldadas. No hay tasaciones iguales para todos.

Hay quien puede pensar, e incluso decir: «Lo daría todo por ti, porque te quiero tanto, tanto, que sin ti no hay vida para mí». Puede parecer muy romántico, pero ¿es esto un regalo o más bien una carga? Sin olvidar que a menudo, como decía antes, el dador compulsivo se pone en un lugar de superioridad y esconde su necesidad de recibir, para tener al otro dependiente y bajo control, haciéndolo sentir necesitado, y argumentándolo, eso sí, como amor absoluto. En ocasiones es mejor que no nos quieran tanto, sino que nos quieran bien; menos cantidad y más calidad.

Cuentan la historia de una persona que se sentía tan llena de amor, de dones y de bienes que quería darlo todo, absolutamente todo, pues su generosidad era inmensa. Un día tuvo una experiencia de arrobo espiritual, sintió que podía hablar con Dios y le dijo: «Quiero darlo todo por los demás, absolutamente todo, hasta la última gota de mi sangre». Entonces, Dios dijo: «Que pasen los vampiros». Conclusión: la respetuosa danza del dar y tomar en la pareja nutre y fortalece, y aleja de su santuario interpersonal tanto las tentaciones de sacrificio y seudosantidad como las del vampirismo y la dependencia.

En otro orden, se dan situaciones especiales en una pareja cuando uno de los dos tiene alguna discapacidad o bien atraviesa momentos complicados en los que requiere una mayor atención o cuidados, por ejemplo, una enfermedad. Para las personas que realmente necesitan mucho, saber tomar con humildad y resistir la tentación de enojarse con quien da, e incluso con uno mismo, por vivir una situación de vulnerabilidad y dependencia, constituye un verdadero reto, pues deben aceptarse de esta manera y desarrollar gratitud por el amor y la atención recibidos. En las relaciones entre padres e hijos, por ejemplo, los hijos que necesitaron cuidados especiales por una larga enfermedad, o por una discapacidad, a veces se culpan por ello. Les cuesta aceptar y soportar que por su situación especial sus padres pagaron un precio muy alto y tuvieron que asumir más sacrificios, se culpan a sí mismos por ello, y ante la dificultad de asumir su situación se enfadan.

Veamos otro caso: ocho años después de su separación, una mujer seguía sintiendo que, a pesar de tener una nueva pareja, no lograba estar en paz y despedirse verdaderamente de la anterior, como si algún hilo invisible e incomprensible la mantuviera aún atada. Los hechos fueron que ella tuvo un cáncer que la mantuvo postrada durante dos años, y el marido se desvivió para cuidarla y atenderla. Al recibir el alta, recuperar la salud y volver a la vida normal, inexplicablemente, la mujer sintió un impetuoso impulso de irse y dejar la relación, impulso que ejecutó pero que seguía sin entender. En el trabajo terapéutico, salieron a la luz la enorme deuda que ella sentía hacia su marido y su dificultad para compensarla, junto con la necesidad de expresar por fin su gratitud, y también su lamento y tristeza por el dolor que le había causado con su partida.

10
LA VENGANZA AMOROSA

En un taller que impartí en Caracas salió una pareja a trabajar. Ella estaba pletórica y él, con cara de culpabilidad y el rabo entre las piernas, como asustado. Pregunté, como siempre, cuál era el tema. Y ella dijo con gesto casi triunfal:

—Él me ha sido infiel.

Es curioso, pero lo decía como si fuera una victoria en lugar de un hecho triste. Se la veía crecida, y a él empequeñecido. Entonces le pregunté:

—¿Has pensado cómo vas a vengarte?

Y la mujer me miró extrañada, como si la venganza fuera algo muy por debajo de su nivel.

—Sí, ¿cómo vas a vengarte para ponerte a su altura? —le dije.

Ella seguía sin comprender. Todo el mundo en la sala se reía nervioso, pensando que yo invitaba a la mujer a ser infiel, lo cual, dicho sea de paso, no era en absoluto mi idea; pero planeaba en el grupo de una forma graciosa, siguiendo la antigua y presuntamente justa idea del ojo por ojo, la cual es un uso fatal no sólo para la pareja sino para cualquier relación humana. Lo importante del asunto es que yo la invitaba a vengarse de alguna manera, porque era un buen modo de recuperar un estado de igualdad y equilibrio entre ambos. Ella era la justa y la buena y él, el pecador y el malo, y eso la ponía por encima, así que la única forma de recuperar el equilibrio era que ella pecara también. Porque puede parecer que los justos necesitan pecadores para alimentar su arrogante sentimiento de justicia, pero en verdad lo que necesitan es pecar para no encontrar tanto placer en condenar a los pecadores. «Para condenar a alguien, primero necesitas cometer su falta», escribió alguien sabio.

Ella pensaba más bien en el perdón, pero el perdón puede ser muy peligroso, sobre todo porque no suele ser verdadero. El verdadero perdón, el que efectivamente ayuda, significa aceptación e incluso amor hacia los hechos tal como fueron, aunque duelan. Demasiado a menudo el perdón es un mensaje interpersonal que dice: «Yo, como bueno, te perdono a ti como malo», y de esta manera uno se eleva por encima del otro a través de un mensaje falso que viene de las buenas intenciones y no de la verdad del corazón. Es peligroso porque no suele dar buenos resultados.

También hay que decir, visto desde una perspectiva más amplia que ambos, esposa y marido, estaban haciendo las cosas conforme a las costumbres de sus sistemas familiares, ya que en ambos sistemas, el de la esposa y el marido, por generaciones se repetía que los hombres fueran infieles y las mujeres se sintieran víctimas, pero paradójicamente superiores, a los hombres débiles y tentados. Así que, sin darse cuenta, seguían al pie de la letra un dictado escrito por varias generaciones en sus familias, repitiendo el libreto, podríamos decir, como buenos hijos y nietos.

Bert Hellinger, psicoterapeuta creador de la terapia con Constelaciones Familiares, defiende que cuando se produce un intercambio negativo dentro de la pareja, es decir, cuando uno de los dos daña al otro, el que ha sido objeto del daño debe compensarlo vengándose con amor. Vengarse con amor significa devolver el daño pero en una cantidad suficientemente menor. Si el perjudicado se limita a perdonar, de alguna manera queda en una posición de superioridad moral, mientras que si devuelve el daño procurando que sea un poco menor, restablece el equilibrio y la igualdad; aunque pueda parecer lo contrario, cuida también del amor en la relación, sobre todo al devolver en menor medida. Si, por el contrario, devuelve el daño en una medida mayor o con ensañamiento, entonces no sólo no se restablece la vivencia de justicia, sino que se lastima el amor. Y si ésta es la dinámica en la que se sumerge la pareja, será fácil que se adentre en una escalada bélica de resultados inciertos al estilo de *La guerra de los Rose*.

Vengarse con amor es una idea curiosa, un aparente oxímoron, pero es más habitual de lo que pueda parecer. A veces los padres, cuando castigan a sus hijos, están cuidando el equilibrio en el intercambio. Supongamos que el hijo actuó mal y los padres lo castigan, por ejemplo, prohibiéndole salir el fin de semana con sus amigos. El hijo, en el fondo, se siente bien y se tranquiliza, aunque no lo diga, porque su sensor interior de justicia le indica que tiene que compensar lo que hizo mal, o el mal que hizo, y también porque se siente contenido en los límites que se le imponen. Cuando llega el domingo por la tarde, o a mediodía, muchos padres dicen: «Ya es suficiente, esta tarde puedes salir». De esta manera, los padres cuidan del amor en la relación, restándole un poco al castigo, y los hijos se sienten queridos. Lo que lastimaría profundamente a los hijos sería que, pasado el castigo, los padres decidieran agregarle otro fin de semana, por ejemplo.

Ser creativo en la venganza amorosa es un arte que conviene desarrollar. La mujer de la pareja venezolana a la que me he referido no era nada creativa, porque en realidad estaba más dispuesta a repetir sus patrones familiares y sentirse mejor persona que su marido, que a regresar a un estado de igualdad. Así que le pregunté si estaba interesada en mis ideas sobre cómo vengarse. Respondió que sí. Entonces, yo le dije que una buena compensación podía ser irse una semana con la tarjeta de crédito del marido (era un hombre de relativa buena posición), a pasar unas vacaciones a algún lugar maravilloso, en compañía de la amiga que más odiosa le resultara a su marido. A la mujer le interesó la idea, y el marido respiró aliviado al ver que no era necesario que ella se fuera con otro hombre para ponerse de nuevo en situación de igualdad.

En el intercambio positivo, la fórmula es: tú me das algo, yo te devuelvo ese algo y un poco más, y de este modo el vínculo se hace más y más fuerte; en el intercambio negativo, la fórmula es: tú me dañas y yo te devuelvo algo, haciendo que te duela, pero un poco menos. Esto es vengarse con amor. Y es importante hacerlo, ya que la felicidad no crece allí donde hay buenos y malos, víctimas y perseguidores, cumplidores o irresponsables. Sí crece, al menos un poco, donde hay personas que se asumen como imperfectas y toman conciencia de que cometieron errores e hicieron daño, y pueden llevarlo con dignidad y repararlo de una forma constructiva, a la vez que asumen que pueden resultar dañadas y que ello también forma parte del paisaje de los vínculos de intimidad. Perjudica mucho a las relaciones humanas, y a la vida, seguir pensando en términos de buenos y malos. Es preferible pensar que entre los dos hemos creado la realidad que tenemos y que cada uno ha aportado su parte proporcional.

La idea de la venganza amorosa es sencilla, pero, claro, la forma en que se concreta puede ser algo más compleja. Cada persona puede encontrar la suya en cada momento en función del contexto, pero siempre con el objetivo último de recuperar cierto equilibrio y seguir avanzando. Porque la pareja, como todo sistema vivo, requiere a la vez estabilidad y cambio, desequilibrarse y volver a equilibrarse, y ambas cosas en las proporciones adecuadas. La pareja navega en la barca de la vida, que exige seguridad a través de sus inercias, ritos consolidados y un statu quo cristalizado, pero también atrevimiento, innovación, creatividad y búsqueda de soluciones nuevas para viejos problemas.

11

EL PODER QUE INVITA AL PODER

Para que las cosas circulen sobre los rieles del buen amor, ninguno de los dos se debe sentir con poder sobre el otro, sino que debe contribuir a que el otro alcance el máximo poder en sí mismo. La realidad, no obstante, es que los dos miembros de la pareja a menudo se enzarzan en luchas de poder que minan su relación. Desde fuera, casi siempre parece que el hombre es el más fuerte. Sin embargo, muchas mujeres, en su interior, se creen mejores que su pareja. No se puede generalizar, por supuesto, pero me consta que esto sucede a menudo. Y cuando pasa, y escasea entre los dos el genuino respeto, la relación empieza a ser desigual y más competitiva que cooperativa, y se rompe la franqueza y la dicha del vínculo profundo, aunque la relación perdure.

Tanto hombres como mujeres podemos tratar de imaginar si seríamos capaces de inclinar la cabeza, suavemente y de corazón, ante nuestra pareja, y experimentarlo como un gesto de reconocimiento y respeto ante su existencia y su realidad, y no como una humillación y una derrota. ¿Podemos? Huyendo de prejuicios e ideologías, lo que encuentro en mi experiencia real en los talleres es que las personas que luchan y compiten lo viven como imposible, mientras que las que sienten amor y consideración hacia su pareja lo experimentan como alegría, belleza y libertad.

Hay otro ejercicio interesante: mirar a la pareja y preguntarse, de forma desnuda, cruda y veraz, si nos sentimos superiores, iguales o inferiores. No en un campo determinado, no en atletismo o haciendo sudokus, no en la cocina o en jardinería, sino en lo esencial, en lo más íntimo de nuestra verdad interior. En algún taller he propuesto este ejercicio a los asistentes y, curiosamente y contra lo que podría parecer, hay más mujeres que se sienten mejores que los hombres. Soy consciente de que esto puede resultar polémico, pero es lo que me dice mi experiencia: muchas mujeres se sienten mejores, unas cuantas se sienten iguales y sólo algunas se sienten peores. Con los hombres pasa lo contrario: sólo unos pocos se sienten, en realidad, mejores que su pareja, muchos se sienten iguales y bastantes se sienten peores.

Yo creo que el hombre, a nivel íntimo, es consciente del poder de la mujer, del poder afectivo, del poder que le da la maternidad, de su intimidad emocional, de cómo se sabe mover a nivel comunicativo, relacional y vital. Es decir, en los asuntos esenciales. Quizá por ello el hombre ha dominado el poder económico o político, porque estaba asustado por su torpeza en los menesteres emocionales y analógicos. Hasta ahora se nos contaba que a la mujer sólo se le dejaba el poder de los sentimientos, pero resulta que son justamente los sentimientos los que mueven el mundo, incluso el mundo de los poderes económico y político.

Sea como sea, nos conviene extender la mirada, de un modo más amplio, hacia el hecho de que tanto hombres como mujeres estamos afectados por un mal mayor, por una plaga emocional de mayor alcance que nos mantiene enfermos en nuestra humanidad, que viene de la expulsión del paraíso comunitario y tribal de nuestros antepasados cazadores-recolectores, para pasar a la mente patriarcal en la que estamos sumergidos culturalmente, y que confundimos casi con nuestra naturaleza, en la cual el otro ya no es un hermano, ya no es también yo, sino un enemigo. Vivimos inmersos en un paradigma competitivo que tomamos por natural, infectados como estamos por la gran importancia del yo personal. En su libro *La mente patriarcal*, Claudio Naranjo hace un diagnóstico preciso de los males del mundo: es esa misma mente patriarcal, con sus largos brazos que todo lo infectan —la competencia, la lucha, la imposición, las envidias y todas las pasiones bajas que gobiernan el yo—, la que en su pretendida grandeza olvida la verdad esencial de que todos somos uno. Uno de los antídotos contra la mente patriarcal consiste en la feliz integración de la tríada básica en cada uno: padre, madre e hijo, o mente, emoción e instinto, y no en el predominio de una figura sobre las otras.

Volviendo al tema de hombres y mujeres, después de haber planteado la misma pregunta muchas veces con idénticos resultados, he llegado a una conclusión: si tantas mujeres creen en su fuero interno que son mejores que los hombres, quizá debamos aceptar que sea verdad, que atesoran una grandeza mayor por su íntima conexión con la vida. Y también he hecho un descubrimiento añadido: las mujeres más inteligentes se encargan de que los hombres no noten tanto su grandeza, por no decir su superioridad, esto es, la usan a favor del amor y del bienestar compartido. La mayoría de las mujeres saben que en algún momento se tendrán que hacer cargo de alguna fragilidad de los hombres, que los hombres también nos quebramos, que la apariencia de nuestra fortaleza es sólo eso, una pantalla. Y es que, a nivel emocional, el hombre parece muchas veces más analfabeto, dependiente y vulnerable que la mujer, pero no por ello tiene menos corazón. La genuina grandeza se encuentra para todos por igual en la vivencia e integración de todas nuestras instancias internas: mente racional, sentimientos, instinto, intuición y trascendencia o mente espiritual. Aunque, para no faltar a la verdad, hay que decir que en muchos momentos a los hombres también les corresponde acompañar a las mujeres, con toda su empatía y fuerza, en sus debilidades y cuitas emocionales.

En la lucha de poder que a veces se da, sucede que algunas mujeres riñen por las mujeres anteriores. Su lucha es, en realidad, la que no pudieron sostener ante sus hombres las mujeres que las precedieron. En algunas culturas, incluso se les negó el estatuto de seres humanos en igualdad de condiciones. Y fueron controladas y sometidas, de manera que cuando miramos al pasado, cuando cada mujer mira hacia atrás, más allá del tiempo de su vida, seguramente encuentra a muchas otras mujeres que sufrieron en manos de los hombres, que se sintieron sometidas, humilladas o no respetadas, que tuvieron que sacrificarse y engañar y que no vivieron al hombre como un amigo en quien confiar, sino todo lo contrario. Y también muchos hombres, cuando miran atrás, encuentran a otros hombres que no pudieron estar en paz ni sentirse confiados con las mujeres, que lucharon contra ellas, o las dañaron con su soberbia y autoritarismo, y por ello se sienten afectados por una culpa que no les pertenece. Por eso, cuando los hombres pueden reconocer y respetar la culpa de los hombres anteriores, y las mujeres pueden reconocer y respetar el enojo de las mujeres anteriores, pueden verse unos a otras, y viceversa, desde un lugar más actualizado. Y, desde ahí, empezar a confiar.

En mis talleres hago otro ejercicio, que consiste en descruzar las piernas y buscar un punto de equilibrio interior. Luego, en el caso de las mujeres, ponerse en contacto con las generaciones anteriores de su género y observar en ellas el sufrimiento que vivieron por culpa de los hombres. Hay que mirarlo claramente y conmoverse por la fuerza que tuvieron para soportar ese sufrimiento, e inclinar ligeramente la cabeza ante la grandeza de tantas generaciones de mujeres que sufrieron a manos de los hombres. En el caso de los hombres, se trata de evocar muchas generaciones masculinas anteriores y ver en ellos su desconfianza, su tensión, su violencia, y percibir en ellos su culpa y su miedo. Y también inclinar ligeramente la cabeza ante el destino difícil de tantos hombres que no lograron la plena confianza con las mujeres. Es posible verlos a todos juntos, hombres y mujeres, y apenarse por lo que los separó y les hizo sufrir, y también inclinarse ante todos y unirlos y reconciliarlos en el propio corazón. Finalmente, tanto hombres como mujeres deben dejar atrás esas vivencias difíciles y pedir la bendición de las generaciones anteriores para su propio bienestar en la pareja, ahora y en el futuro, y con mucho amor dejar atrás todo lo desgraciado y doloroso que han vivido.

El verdadero poder radica en estar asentado en la realidad de uno mismo, no en sentirse superior a otra persona o en dominarla física o psicológicamente. Experimentamos el propio poder cuando nos enraizamos y nos reconocemos en nuestra experiencia real, en cada momento y lugar; cuando estamos conformes con nuestra realidad, con nuestros sentimientos, problemas, alegrías, vivencias, pensamientos, contradicciones, necesidades; con nuestro lugar de origen, cultura, familia, luchas; con nuestros deseos de cambiar lo que no nos gusta o lo que sentimos como injusticia, etcétera. O sea, cuando estamos en sintonía con nuestra realidad tal como es a cada instante, y lo gestionamos con respeto a nosotros mismos y a los demás.

Todos necesitamos sentir nuestro poder. Sentir que podemos, que somos adecuados, que nos sostenemos en nuestros pies y somos válidos. Cuando uno vive ese poder en el interior de la pareja, su poder invita al poder del otro. Y entonces ambos poderes producen cooperación y respeto. Virginia Satir, en su libro *En contacto íntimo*, nos enseña que el genuino poder tiene que ver con la congruencia y con lo que ella llama «las cinco libertades»: la libertad de ver y escuchar lo que está aquí en lugar de lo que se supone que debería estar; la libertad de sentir lo que se siente en lugar de lo que debería sentirse; la libertad de decir lo que uno siente y piensa si lo elige en lugar de impostarse; la libertad de pedir lo que se quiere en lugar de pedir permiso; y la libertad de arriesgar en lugar de optar únicamente por estar seguro. El poder de la congruencia huye, por tanto, de posiciones de culpabilización, victimismo, hiperracionalidad o pasotismo, que para Satir no dejan de ser lugares de sufrimiento y falso poder en las relaciones íntimas.

12

HOMBRES Y MUJERES AMAN POR IGUAL

Son muchas las mujeres que se quejan de no ser suficientemente comprendidas por sus hombres y lo proclaman de una forma sonora y propagandística, como si fuera un derecho natural. Al mismo tiempo, cientos de hombres se retraen calladamente porque consideran que sus mujeres menosprecian algunos de sus intereses, deseos, costumbres y aficiones, y en el fondo piensan que hay algo que no va, que la mujer no se molesta en comprender que el hombre es como es. En resumen, existe demasiada incomprensión y frustración para todos.

Lo que parece claro es que, a pesar de las diferencias, hombres y mujeres aman por igual, son adultos por igual, exponen su corazón por igual, desean el bienestar, la comprensión y la confianza por igual. Aunque son diferentes, desean lo mismo. Eso sí, de distinta manera: las mujeres suelen estar más dotadas de recursos emocionales y afectivos; los hombres de recursos racionales y de acción. Los brazos del amor y la entrega son múltiples y variados, y su conjunto crea una totalidad necesaria y hace que cada quien aporte su especialidad.

Sería muy atrevido decir que los hombres aman más que las mujeres pero que lo publicitan menos. Y seguramente no sería del todo cierto, pues ambos, hombres y mujeres, aman con igual profundidad, aunque lo manifiesten de forma distinta. Pero al menos me gustaría romper una lanza a favor del profundo amor y vínculo que también sienten muchos hombres... a su propia manera de hombres.

Lo que ayuda es que los hombres comprendan lo comprensible de las mujeres y que las mujeres comprendan lo comprensible de los hombres. Y, en otro nivel, lo que también ayuda es que dejen de intentarlo y, en lugar de comprender, ambos se rindan ante el misterio. Y aquí, rendirse significa básicamente respetar lo incomprensible del otro y amarlo tal como es, sin comprenderlo, porque sí. Esto es regalo y bendición.

Además, los que reclaman y exigen comprensión no suelen dar justamente lo que piden ni se esfuerzan ni afanan en ello. Son las paradojas de las relaciones humanas. Ojalá quien pide comprensión la pudiera dar sin paliativos.

Por lo demás, cualquier relación entre hombre y mujer está llena de historia. En el encuentro del amor «asciende una savia inmemorial», como dijo Rilke: en el encuentro de la pareja van muchos. Y, como decía en el capítulo anterior, en cada hombre de hoy viven cientos de hombres anteriores, padres, abuelos, bisabuelos y tantos otros. Y, en cada mujer, madres, abuelas, bisabuelas y tantas otras. Sucede que algunas madres y abuelas sufrieron el yugo explotador, desconsiderado y machista de sus maridos y no pudieron ejercer la libertad de vivir su enojo y reorientarse o separarse. Sucede que algunos hombres anteriores dominaron y explotaron a sus mujeres. Son ecos del pasado que aún nos impregnan. Y sucede que hoy en día, algunas mujeres están enfadadas en nombre de sus anteriores y algunos hombres se sienten culpables y asustados en nombre de sus anteriores. Algunas mujeres vengan a sus abuelas enfadándose con sus parejas actuales, y algunos hombres expían las culpas de sus anteriores debilitándose y empequeñeciéndose, escondiendo su hombría o incluso feminizándose, hasta estallar con sus parejas actuales. Y la guerra entre sexos y sus luchas de poder se perpetúan. Con el resultado de violencia, fatalidad y desdicha que todos conocemos, desgraciadamente.

En cierta ocasión trabajé en un taller con una mujer de treinta y cuatro años que presentaba dificultades para tener una pareja estable. Hacía más de ocho años que no tenía ninguna, y en ese tiempo se había quedado embarazada cuatro veces de hombres distintos, abortando en todas las ocasiones. Pero el asunto relevante, al trabajar en su constelación, se manifestó cuando salió a la luz el caso de su abuela, que tuvo que lidiar con que el marido tuviera otra mujer y otra familia, y no pudo vivir su enojo, su libertad y su anhelo de separarse, sino que se vio obligada a someterse por requerimientos económicos. La rabia que no había podido vivir la abuela parecía que había ido a parar a la nieta o había sido tomada íntegramente por ella. Y ésta, aun deseando el amor y la estabilidad en la pareja, despreciaba a los hombres y se vengaba de ellos de muchas maneras, entre otras abortando sin que ellos supieran nada. El mensaje que esta mujer recibió de su abuela cuando era niña fue: «El mejor hombre, ahorcado». Para ella, la solución a este conflicto consistió en generar respeto hacia el destino de su abuela, pero también de su abuelo, y de lo que les tocó vivir a ambos, sin entrometerse, ni sacrificarse ni vengarse de los hombres en nombre de su antepasada.

Aunque parezca extraño, en los sistemas familiares hay sentimientos que siguen flotando en su atmósfera porque no pudieron ser encauzados y resueltos en su momento por las personas a las que correspondía hacerlo, y siguen operando como asuntos pendientes enquistados. En ocasiones, algunas personas posteriores adoptan y activan sentimientos de personas anteriores, sin conciencia clara de ello y de una forma ciega e imperativa. Como si fueran poseídos por estos sentimientos, que son inconscientes, intensos y no suelen adecuarse a ninguna realidad actual que los justifique, con lo cual sufren por ellos y necesitan liberarlos.

Lo que ayuda, por tanto, es que el pasado pueda quedar como pasado, dignificado con nuestra buena mirada y con nuestro pleno respeto hacia aquello que fue vivido y hacia los que lo vivieron. Y mirar el presente con alegría y gratitud. Nada hay más irresistible para un hombre que el genuino respeto y la sincera sonrisa de una mujer, y nada más irresistible para una mujer que ser respetada como mujer y amada tal como es, incluyendo su misterio. De hecho, el regalo más bello que alguien nos puede hacer consiste en amarnos como somos, y el mejor regalo que podemos dar a alguien consiste en amarlo tal como es. Si somos capaces de hacerlo, estaremos más cerca de lograr un poco más de felicidad.

13

UNA PAREJA, DOS SISTEMAS

Como se va poniendo de manifiesto, cuando se une una pareja no sólo se juntan dos personas, sino que se unen dos sistemas. Cuando dos se casan son muchos, en realidad, los que se casan. Como dijo Miguel Hernández: «Seguiremos besándonos en el hijo profundo. Besándonos tú y yo, se besan nuestros muertos. Se besan los primeros pobladores del mundo».

Todos crecemos en un escenario familiar con reglas y modos afectivos propios, nos desarrollamos en el seno de una saga con sus historias, mitos, narrativas, alegrías y tristezas. Como niños, nos insertamos, inocentes, en la familia a la que pertenecemos y ahí, sin darnos cuenta, realizamos los aprendizajes principales sobre los vínculos y las relaciones. Nuestra exposición a los goces y las sombras de las personas y de las parejas anteriores, a sus logros y a su dolor, a sus modelos de vida, así como la forma como intentamos manejar y evitar las inclemencias y el dolor que experimentamos en nuestra crianza con ellos, van conformando un estilo afectivo que nos guiará en nuestras elecciones y relaciones afectivas adultas.

Ciertamente, el dolor y las heridas forman parte inevitable de cualquier vínculo y de cualquier relación de intimidad, y ante nuestra insolvencia para soportarlo sin más nos comportamos como marionetas gobernadas por el dolor y tratamos de protegernos tomando una posición. Nos apartamos del amor espontáneo y edificamos un punto de vista, una estrategia defensiva para que nos vaya mejor: «Sólo en lo perfecto, o en lo placentero, o lo intenso, o lo justo, o lo combativo, o lo sacrificado, etcétera, reconozco el amor». Una pareja es una segunda o, mejor, una nueva oportunidad para aprender a amar, para arriesgarse de nuevo a confiar en el amor, para vaciarse de prejuicios defensivos. Cuando dos se encuentran, a veces sus estilos afectivos se complementan y la pareja avanza. Otras veces sucede lo contrario: los estilos colisionan con tanta vehemencia que no es posible un mínimo de bienestar y cada uno tiene que tomar su propio camino.

Como señala Boris Cyrulnik en su teoría sobre la resiliencia, cada nueva pareja es una oportunidad para rehacer un vínculo seguro e íntegro, un vínculo satisfactorio. Después de una separación, por ejemplo, el trabajo consiste en hacer una inmersión en el estilo afectivo que no resultó funcional y disponerse a realizar cambios: en las expectativas, anhelos, temores, creencias sobre el amor, modos de dar o de recibir, costumbres, etcétera. Hay que asumir también rupturas emocionales y derrotas, rendirse amorosamente y observar qué falló, qué pieza del sistema se encalló, qué modelos y lealtades conviene desafiar. Puede que él no consiguiera dejar de ser el hijo de sus padres para ser el marido de su mujer; o que ella siguiera tan ocupada con el destino de un hermano enfermo que no diera prioridad a su marido y a su nueva familia. Son sólo dos ejemplos para ilustrar que, cuando dos personas forman una pareja y se unen, en realidad se unen dos familias con su historia particular, cimentada en hechos y vicisitudes particulares, y que cada uno conserva unas lealtades más o menos camufladas a sus orígenes.

Nadie está solo. Si observamos con atención a una persona, veremos a muchas otras: a sus hermanos, hijos, padres, abuelos, parejas... Y también veremos, probablemente, muchos hechos significativos de esa inmensa red de sintonías y resonancias de la que forma parte y que impactan e influyen en ella inevitablemente y sin haberlo decidido. Un niño al nacer no es una tábula rasa, como decía Aristóteles: nace con mucha historia y viene a caer e insertarse en el campo de vida de su familia, y es capaz de percibir y sentir en él, sin ninguna conciencia de ello, toda la red de energías que están a su alrededor en esa atmósfera, en ese espacio que podríamos llamar el «alma familiar» o la «mente sistémica» o el «campo de resonancias afectivas». Y de esa alma, de esa red, toma influencias y vivencias, tanto aspectos positivos que le dan fuerza y lo impulsan a prosperar, como aspectos negativos, vivencias que no fueron resueltas en su día y que lo debilitan o lo menoscaban. Por eso digo que, cuando dos se unen, se unen muchos más: todos los miembros de los sistemas de ambos, a modo de una gran asamblea.

El logro más profundo se da cuando cada miembro de la pareja puede aceptarse a sí mismo, con toda su historia y su sistema de procedencia, y también al otro, con todo su sistema, asintiendo al todo de ambos con respeto. Y cuando digo todo, incluyo lo doloroso, lo cruel, lo ruin, lo difícil, lo miserable, lo secreto, lo desajustado, todo aquello que dolió, o que dañó, porque todo ello forma parte y es nutriente necesario para haber llegado donde estamos y para haber llevado a nuestro lado a nuestra pareja.

Hay demasiadas personas que compiten con su pareja para demostrar que su familia, o su historia, fue peor o mejor que la del otro, lo que sin duda provoca conflictos, porque suele acentuar la lealtad al propio sistema.

Son demasiadas también las personas que compiten con los padres de su pareja, a los que ven como opositores, por el amor y la influencia en relación con su pareja. Sin embargo, cuando una esposa compite con su suegra por el esposo, éste se debilita entre dos fuerzas y difícilmente resulta de todo ello un hombre entero y verdadero, que la mujer pueda tener como igual. Le corresponde al hijo crecer, lograr independencia y tomar su pleno lugar al lado de su esposa. Si no lo hace, no hay nada que hacer. O, al revés, cuando un marido lucha contra su suegro por la prevalencia en la hija, difícilmente resulta de todo ello una mujer entera, a la que se pueda respetar. Una idea por lo general recomendable es aceptar el lugar del que viene nuestra pareja, incluyendo sus problemas y ataduras, respetarlo y gestionarlo de manera inteligente y constructiva, al menos mientras nos resulte posible. De este modo, la tendremos más plenamente, ya que pretender con insistencia que cambie puede intensificar sus resistencias al cambio.

Sobre el vínculo con los padres, y sobre la vivencia específica con ellos, algunas personas dicen: «Como me dañó, no tomo nada», y así permanecen huérfanas y desarraigadas. Otras dicen: «También con aquello que me dañó estoy de acuerdo», y lo toman todo. El que dice sí a su linaje y a su historia y es capaz de elaborar, integrar y traducir sus tormentos al lenguaje de la vida, suele ganar fuerza, y está en mejores condiciones de tomar su lugar al lado de su pareja. Para ello se necesitan a menudo procesos emocionales profundos y cambios de creencias.

Hay sagas familiares sobre las que planean creencias que arrastran a todos sus miembros, como por ejemplo:

«ninguna mujer será nunca feliz con un hombre» o «no se puede confiar», etcétera. Es bueno preguntarse sobre ellas, ver si actúan como frenos y en qué sentido, desafiarlas si es preciso. Es bueno plantearse las ataduras del mal amor, o del amor ciego a nuestros orígenes, que nos dificultan el tránsito a la madurez y a la posibilidad de tomar el lugar que queremos al lado de un compañero o compañera.

A veces, como hijos, asumimos problemas, guiones de vida complicados o enfermedades, con la idea mágica, fantasiosa, de que así ayudamos a nuestros padres o a otros anteriores de nuestro sistema familiar. Para un hijo, lo más difícil de soportar es que los padres no estén bien, o sufran, o carguen con culpas, penas o duelos, o no deseen vivir o no estén bien sujetos a la vida. En general, en lugar de respetar estos hechos, se implican en ellos y los imitan. Por lealtad y amor profundo a ellos dicen, por ejemplo: «ya que tú no pudiste ser feliz al lado de tu marido, yo tampoco lo seré», o «prometo serviros a vosotros antes que crecer», o «prefiero morir yo antes que tú», o «te sigo en tu alcoholismo», etcétera. Éste es el tipo de cosas que abordamos en el trabajo de las Constelaciones Familiares, y lo hacemos porque a veces, para poder orientarnos plenamente hacia nuestra relación de pareja, es preciso resolver unos cuantos asuntos.

Recientemente, en un taller de Constelaciones Familiares, trabajé con una mujer que tenía problemas con su pareja. Configuramos a su familia, y ella se mostraba cabizbaja. En su familia de origen había muerto la primera mujer de su padre, así como algunos hijos tanto de la primera relación de su padre como de la segunda. Esta mujer sentía un profundo amor inconsciente hacia los que murieron, gracias a los cuales (especialmente a la primera esposa de su padre, y a su muerte) ella pudo nacer y tener la vida. Ese amor inconsciente la hacía sentirse atada a los que murieron y en deuda con ellos, y le impedía ver con amor a otra persona. Cuando pudo reconocer que el destino de los que desaparecieron fue el correcto, que no hay una vida mejor que otra ni una vida larga es necesariamente mejor que una corta, se sintió bendecida por los difuntos, se volvió hacia la vida y se sintió preparada para la posibilidad de sentirse feliz al lado de un hombre.

Todos los miembros de un sistema deben ser integrados para que ese sistema se equilibre, ya que el alma familiar anhela la completud y la dignidad para todos sus miembros, fuera el que fuese su comportamiento o su destino. Y cada persona debe estar en el lugar que le corresponde. Por eso, tenemos que mirar de frente las ataduras que mantenemos con personas de nuestro pasado y que nos dificultan estar plenamente presentes.

Veo a menudo a personas que no logran tomar su lugar en la pareja porque se sienten implicadas con su padre o con su madre, o conectadas con un hermano discapacitado o enfermo, o con un hermano que no tuvo mucha suerte o que murió pronto, o con un tío que fue asesinado o tuvo un final trágico. Son personas que siguen amando ciegamente a la familia de origen y que se implican en los problemas de ésta, por eso no logran aterrizar con fuerza en la pareja y darle prioridad.

A veces digo que todo lo que tenemos que hacer es pasar de la orilla del mal amor a la orilla del buen amor. El mal amor se reconoce porque las personas se sacrifican por los demás en lugar de mirar claramente hacia delante y respetar aquello que les toca vivir, y el buen amor se reconoce porque las personas se mantienen en el bienestar y miran a los demás con reconocimiento y respeto a lo que les tocó vivir por difícil que fuese. En realidad, el buen amor es el que respeta el orden, cuya primera regla es la de no inmiscuirse en los asuntos de los anteriores.

El mal amor es un amor ciego, que no ayuda a quien lo sufrió ni a quien ahora lo está sufriendo. En el mal amor, los posteriores se hacen cargo de los asuntos de los anteriores a costa de su propio bienestar. Por eso, el buen amor tiene mucho que ver con el orden: los posteriores reconocen la prioridad de los anteriores y no se entrometen en sus asuntos. El buen amor es el que nos permite sintonizar con la realidad tal como es, con los sentimientos de los padres tal como son, con las desdichas de la familia tal como han ocurrido, y respetar todo ello sin necesidad de involucrarse, porque generalmente lo que fluye de los anteriores y de la mirada de los anteriores es el deseo de que a los posteriores les vaya bien, el deseo de que sus hijos sigan adelante en la vida, de que los nietos sigan adelante en la vida, y de que sean felices y se sientan completos y dichosos.

En realidad, el mal amor es como la tragedia griega, donde los supuestos héroes, como pequeños niños agrandados, pretenden sin éxito arreglar las ofensas y calamidades de sus antepasados generando en sí mismos sacrificios, y así vemos cadenas de sacrificios que se repiten una y otra vez. El buen amor es más bien la antitragedia, porque se orienta al futuro por encima del pasado. La pareja adquirirá consistencia cuando, con el tiempo, logre afianzarse y ambos sientan que su vínculo tiene prioridad sobre los vínculos anteriores. Pero esto se consigue lentamente, cocinando la relación a fuego lento y haciendo progresar el vínculo hacia una mayor altura y libertad.

14

LAS CONSTELACIONES FAMILIARES SON LA OPORTUNIDAD DE ESCUCHAR TU CANCIÓN

Hace un tiempo, recibí una mala noticia que me encogió el corazón: una pareja colombiana, con la que me une una franca amistad, esperaba gemelos, pero en el parto uno de los bebés no logró sobrevivir. Fue una experiencia muy triste. Es fácil imaginar la alegría de mis amigos ante el hijo recién llegado y a la vez su profunda tristeza por el que habían perdido. En mi interior me preguntaba: ¿cómo se realiza esta vivencia emocional, qué clase de tránsito y acrobacia interior se requiere para abrirse a la maravilla y el regocijo de un hijo que llega, y al mismo tiempo dar lugar a la despedida y el dolor de un hijo que se pierde? ¿Cómo compaginar lágrimas y risas, «guadaña y sembradío», como dice Benedetti? Lograrlo me parece una proeza emocional, un soberbio reto de nuestras cuerdas afectivas más profundas. Cada vez que recuerdo esta situación, siento un vértigo intenso ante los poderes de la creación y ante la grandeza y los riesgos de la pareja que se abre a la vida. Y no logro imaginarme que nadie salga airoso y con salud de tal proeza si no es abriéndose a un espíritu mayor que administra majestuosamente el azar de las cosas a su antojo: un Alma Grande que nos abarca y dirige. Ante hechos como éste, sólo nos resta el recurso de la humildad y la entrega profunda al misterio, y por tanto inclinarnos ante la enorme grandeza de la pareja, ante la fuente de vida y de muerte, ante el Espíritu creador y su voluntad.

La pareja completa lo incompleto en cada uno, convierte a dos en uno, a menudo a través del hijo; la pareja alberga el principio creativo. La pareja sirve, pues, fielmente al Espíritu que todo lo mueve. Cuando trabajo con parejas, siento mucho respeto por la intimidad de las personas, por su historia, por el corazón que expandieron hacia el otro y por el corazón que a veces retrajeron frente al otro, por el riesgo que asumieron, por la dicha que supieron encauzar, por la fortaleza que les exigieron las adversidades. Lo único que hago yo, dentro de lo posible, es acompañar y exponer a las personas a su propio mundo, a sus propias vivencias, a su propia historia, a su propio campo familiar, a sus redes, a los susurros profundos de su cuerpo y de su alma, a que reencuentren su propia canción, su propio centro. Los acompaño para que puedan integrar lo vivido en sus vidas: sus aciertos, sus errores, sus amores y desamores, sus temores y odios. Y confío en que eso genere movimientos que orienten a las personas en alguna dirección de vida, de vida buena, de paz y reconciliación. Yo no tengo objetivos ni propósitos más allá de desear la mejor vida para todas las personas, pero como no sé cuál es la mejor vida para cada uno, confío en que las personas sabrán encontrarla y sobre todo confío en que sabrán ir sintonizando con el punto central que a todos y cada uno nos dirige hacia lo alegre, generoso y luminoso, hacia la propia sabiduría instintiva.

Las Constelaciones Familiares no son un manual de instrucciones acerca de qué hacer en la pareja ni una terapia comportamental, con protocolos específicos. Lo que hacen es sacar a la luz y mostrar los movimientos del corazón, con sus ataduras y extensiones, y procurar liberación al deshacer entuertos afectivos. Son una metodología privilegiada para mirar nuestra red de vínculos en un sentido amplio y observar las lealtades con asuntos pasados que nos proporcionan fuerza y prosperidad, que nos sostienen, o bien con asuntos que no fueron resueltos y que nos debilitan, y solucionarlos. Importan los modelos de parejas anteriores, las implicaciones transgeneracionales, las atmósferas que se despliegan, los destinos que se repiten, las energías que nos mueven. Porque una familia, una red de amores y de vínculos, actúa como si fuera una bandada de pájaros con una mente común, pero también con un libro de cuentas común y un sentido de justicia común, que debemos comprender. Así, a veces encontramos, por ejemplo y por desgracia, que un nieto se dedica a saldar las cuentas de su abuelo y rompe de esta forma el orden familiar, que dicta que los posteriores no deben ocuparse de los asuntos de los anteriores.

Es obvio que las Constelaciones Familiares son una herramienta tan poderosa como humilde para lograr el cambio, y afortunadamente se complementan muy bien con la mayoría de los otros abordajes de ayuda, terapia y *coaching*. Las Constelaciones actúan en las energías profundas y en la dimensión de los vínculos, pero a menudo también hay que realizar aprendizajes y desarrollos nuevos que precisan otro tipo de ayuda, centrada en el nivel de las creencias, las capacidades y los comportamientos. Al trabajar con parejas en Constelaciones, se suelen clarificar y resolver las dinámicas que impiden su bienestar y se siembran semillas de crecimiento, que bastan por sí mismas pero que también son compatibles con otras ayudas para clarificar el detalle de sus estilos afectivos y resolver pautas concretas de su vida cotidiana.

Cuando trabajo, tanto con personas como con parejas, tanto temas de pareja como cualquier otro, en el marco de talleres de Constelaciones Familiares, generalmente hago como mucho tres preguntas. La primera es: ¿de qué se trata, cuál es el problema? He descubierto que cuando un problema nos hace sufrir siempre es muy concreto, siempre es muy real. Los problemas son reales o no son. «Real» significa conectado con la realidad de nuestra vida. Los problemas que son mera reflexión psicológica son atrayentes, pero no tienen mucha fuerza ni son combustible suficiente para sostener un trabajo de Constelaciones. A menudo envolvemos lo que nos hace sufrir con explicaciones, interpretaciones y porqués, como si fueran decorados que nos crean la ilusión de que lo manejamos mejor; y puede ser que ayuden un poco, pero sólo eso. Por ejemplo, no es lo mismo llegar a la conclusión de que tenemos una baja estima que la realidad de que no nos arriesgamos a tomar pareja. Lo segundo es real; lo de tener poca estima es una idea sobre nosotros mismos que, al explicarnos el porqué del problema, únicamente crea en nosotros la ficción de hacerlo más llevadero.

También les pregunto: ¿qué te gustaría conseguir aquí, si fuera posible, para tu vida? O ¿cómo será tu vida, o vuestra vida, cuando lo que ahora es un problema haya desaparecido? Se trata de una pregunta sobre el objetivo. Y es muy importante, porque es una pregunta dirigida al futuro, a sembrar futuro. He observado que las personas suelen tener dificultades para contestarla claramente y formular un objetivo. Puede deberse a varias razones. La primera reside en que están tan acostumbradas a vivir con el problema que les resulta difícil imaginar cómo serán las cosas cuando se libren de él; la segunda consiste en que, si alguien formula claramente lo que quiere, de alguna manera se compromete y está obligado a renunciar a posiciones de manipulación (victimismo, resentimiento, dependencia, etcétera). Es decir, si dice lo que quiere, se responsabiliza, y eso no es tan fácil para algunos. La tercera es que, en el fondo, para algunas personas es más fácil tener un problema que actuar o solucionarlo, ya que el problema no deja de ofrecer ventajas en algún nivel. Aquí me suelo poner muy exigente a la hora de recibir respuestas claras, concretas, visibles y realistas sobre lo que desearían lograr si fuera posible. Por ejemplo, no siempre resulta fácil decir: «quiero ser feliz con mi pareja», o «quiero tener una pareja estable», o «quiero decidir si me quedo o me voy». Porque, aunque lo desean, también temen que ocurra. Y es que tener soluciones no siempre es más interesante que tener problemas, pues mientras tenemos problemas no necesitamos actuar en nuestra vida en la dirección de lo bueno, y disponemos de una justificación.

Mi tercera pregunta versa sobre las vicisitudes del sistema familiar: ¿qué hechos significativos han estado presentes en la historia de la familia o de la pareja? Los hechos más importantes de un sistema familiar son los que tienen que ver con la sexualidad y las uniones, y con la muerte y las despedidas, con aquello que crea el camino de la vida y con lo que destruye el camino de la vida. Así que son importantes todos los vínculos que se construyeron a través de la sexualidad: matrimonios, parejas anteriores, divorcios, amantes, etcétera. Y también son importantes todos los hechos donde la vida se perdió, porque la muerte reta al sistema a integrar y despedir a sus muertos, y a establecer un vínculo sano entre vivos y muertos. La muerte es especialmente importante cuando estuvo protagonizada por niños o cuando se produjo de forma trágica, como en el caso de suicidios u otras muertes violentas. También son importantes todos los hechos que nos hacen vibrar con la vida y con la muerte: enfermedades, problemas mentales, adicciones, abortos, etcétera. Cuando los hechos en un sistema son claros, las dinámicas del sistema se convierten en un puzle perfecto. Por eso es tan importante conocerlos. Los hechos que impactan en un sistema despliegan las dinámicas y determinan en buena parte cómo son las personas.

Una constelación no hace el trabajo, el trabajo lo hace cada persona con su receptividad, su atención a sí misma, su compromiso a tomarse en serio su vida. Y en realidad no hay otro trabajo que el proceso que la constelación desencadena. No existe otra cosa que el proceso de acompañarse a uno mismo, tener presentes los vínculos importantes y orientarse de la manera más sabia posible para que nadie tenga que sufrir o para que uno pueda estar mejor. No hay otra opción que responsabilizarse y hacer recaer en nuestra propia fuerza la gestión de nuestra vida y nuestros vínculos.

El método de las Constelaciones muestra con claridad que las dinámicas de nuestro corazón y los movimientos profundos de nuestro interior no dependen únicamente de nuestra voluntad ni tienen siempre una explicación racional, que por otro lado tampoco me parece necesaria (de hecho, creo que la racionalidad goza de excesivo prestigio en el mundo actual, tan desbarrancado, y se necesita apelar a otra inteligencia más intuitiva y espiritual). En el trabajo se pone de manifiesto un increíble y sorprendente campo de información que saca a la luz los entresijos sutiles de las dinámicas afectivas. Lo importante está en los efectos, en los resultados, en lo que resuelve, libera y promueve en cada persona o pareja. Por otra parte, estoy convencido de que el misterio del campo de información en el que se desarrollan las

Constelaciones sólo es aparente, ya que la información está en todas partes, y a veces podemos acceder a ella si se dan las circunstancias y el contexto de vida adecuados, y si nos volvemos niños inocentes no restringidos por la jaula de la percepción. Hay un hombre muy interesante, Eduardo Zancolli, cirujano y autor del libro *El misterio de las coincidencias*, que habla de un fenómeno llamado «entrelazamiento cuántico», ya predicho por Einstein, por el que dos átomos que han estado en contacto permanecen conectados aunque estén cada uno en un extremo opuesto de la galaxia, de manera que si uno experimenta un cambio, es golpeado o sufre una sacudida, el otro experimenta lo mismo sincrónicamente. Dice, además, que cada vez que respiramos inhalamos moléculas que han inhalado otras personas, es decir, que en cada inhalación entramos en contacto con muchos seres vivos del planeta, no sólo con los que viven ahora, sino con los que vivieron el siglo pasado o hace dos mil años. Son únicamente ideas y palabras, pero me sirven para ilustrar la creencia de que todo está en todas partes, que todo está a la vista y que las personas estamos al servicio de un sistema y podemos percibir en nuestro organismo las vivencias de dicho sistema, aunque no tengamos conciencia de ello. De hecho, la teoría sistémica dice que cuando un elemento de un sistema queda afectado por algo o tiene una perspectiva nueva, los demás elementos también resultan afectados.

Sea como sea, no me extrañaría que dentro de tres siglos los niños estudiaran en el colegio la explicación científica de la sabiduría de los campos sistémicos y los porqués y cómos de que la información esté en todo tiempo y en todo espacio accesible para quien sepa abrirse a ella, como ahora estudian las leyes básicas de los campos gravitatorios. Mientras tanto, yo seguiré creyendo que cada persona tiene, dentro de su sistema, una vibración propia, única, distinta del resto, que la dota de un estatuto singular, y merece ser honrada y dignificada. Hay una tribu en África en la que a cada niño, al nacer, le cantan una canción que lo acompañará el resto de su vida. La crean expresamente para ese niño, y es la evocación de su destino, algo así como la melodía única de su alma, del centro de su ser. En cada acontecimiento y rito de paso de ese niño, los demás miembros de la tribu lo acompañan cantando su canción, como una forma de reconocimiento y sintonía. Cuando va a comenzar su educación, cuando empieza a cazar, cuando ingresa en la vida sexual, cuando se va a unir a una pareja y en todos los momentos cruciales de su vida. Incluso cuando va a morir. Hay una ocasión muy especial en que le cantan su canción: cuando comete un crimen aberrante o es víctima de una fatalidad. El pueblo se reúne a su alrededor y le canta su canción, y cuando la persona la reconoce, desaparece su deseo de dañar a otros y vuelve a conectarse con el amor y la pertenencia al grupo. Ésa es la magia de la canción. Y de las Constelaciones.

15

HIJOS DE MAMÁ E HIJAS DE PAPÁ

En mis talleres propongo a veces un ejercicio sobre la presencia de los padres en el interior de cada uno. Consiste, inicialmente, en descruzar las piernas, cerrar los ojos y centrarse, es decir, tomarse un tiempo para reconocer un centro en cada uno, un lugar interior imaginario exento de pensamientos, sentimientos y sensaciones corporales. Después hay que imaginar el momento en que se conocieron nuestros padres, cuando se miraron y se gustaron, cuando se sintieron movidos el uno por el otro, cuando, impulsados por el deseo, disfrutaron de los juegos del amor. Ahí se inició el engranaje de nuestra vida. Podemos experimentarnos como pequeñas células, fruto del deseo de nuestro padre y nuestra madre, de la buena mirada entre ellos, del prodigio de su encuentro. Mucho más allá de los temores, de los conflictos, de las dificultades, de lo que sucediera a posteriori en la relación entre ellos o de ellos con nosotros, la fuerza de la vida se abrió camino a través de un hombre y una mujer, y surgió nuestro cuerpo. Cada uno debe percibir la sensación que produce en su cuerpo esta imagen, y si es una sensación agradable, debe dejarla crecer, cada vez más y más, más y más. Ahora ya tenemos una larga historia, somos adultos, y nuestro cuerpo tiene memoria. En él se encuentran presentes nuestro padre y nuestra madre. Y podemos percibir de qué manera están presentes cada uno de ellos, de qué manera nuestro cuerpo se encuentra abierto a la madre, en sintonía con ella, y de qué manera nuestro cuerpo se encuentra abierto y en sintonía con el padre. Sólo hay que prestar atención. Es probable que descubramos más presencia de uno que del otro. En ese caso, hay que explorar qué ocurriría si el que está menos presente lo estuviera más, cómo sería inundarse más de padre o de madre. Finalmente, hay que retener esas sensaciones durante un tiempo y, cuando se desvanezcan, abrir de nuevo los ojos.

Una vez trabajé con un hombre joven, un chico de veintitantos años. Se sentó y dijo:

—Yo no tengo padre.

—Eso no resulta muy creíble —repuse.

En primer lugar, porque invariablemente todos tenemos padre, y en segundo lugar, porque podía ver con claridad la presencia del padre en él. Pero entonces dijo:

—No tengo padre porque soy hijo póstumo: mi padre murió antes de que yo naciera.

Su terapeuta, al conocer esta información, le había dicho que le convenía trabajar la ausencia del padre para ganar fuerza para su camino. Lo cual tiene cierta lógica, porque el hijo no pudo cultivar el día a día con su padre y experimentarlo en su crianza. Pero yo veía a su padre intensamente en él, mucho más que en otras personas que se han criado con su padre, pero que se convierten en hijos predilectos de mamá y establecen con ella un nexo excesivo, y pierden en su cuerpo y en su energía el rastro paterno. Entonces hicimos una constelación y representamos al padre, a la madre y a él. Fue una constelación muy conmovedora y pedagógica, porque la madre sentía un amor y un respeto tan profundos hacia el padre que éste llegaba al hijo y fluía en él a través de ella. Y fue muy bello comprobar cómo la madre, con su amor, hacía que el padre estuviera presente para el hijo. Éste descubrió que su pensamiento «yo no tengo padre» era sólo eso, un pensamiento: su cuerpo estaba lleno de su padre porque su madre lo había hecho presente. Sin duda, un regalo enorme que los padres dan a su hijo es querer en él al otro progenitor, aunque entre ellos concluyera la relación o se extinguiera el sentimiento amoroso.

Los padres, de una forma u otra, en mayor o menor medida, están siempre presentes en nuestro cuerpo, en nuestro corazón y en nuestra manera de plantarnos en la vida. También en nuestro movimiento hacia la pareja. Una frase muy conocida de Bert Hellinger es: «El mejor matrimonio, la mejor unión, se da cuando se casan la hija de la madre y el hijo del padre».

Un hombre se hace hombre a través de los hombres, su contagio y atmósfera, nunca a través de las mujeres. Un hombre que pretende hacerse hombre a través de las mujeres estará siempre un poco flojo y debilitado, sin sostén. A veces, un hijo, en lugar de empaparse de la atmósfera del padre, de realizar el tránsito del vínculo con la madre al mundo del padre y de los hombres de la familia, se coloca cerca de la madre, o incluso se siente un hijo especial, o más importante que el padre para la madre. No se trata de que el hijo lo haga exactamente así, sino de que el sistema como un todo lo hace de este modo a través de las dinámicas que va generando. A menudo, la madre no logra darle el primer lugar al padre y se coloca afectivamente muy cerca del hijo, que queda enredado en un vínculo demasiado estrecho con ella. Otras veces, el padre no toma con claridad su lugar y el hijo acaba sintiendo en lo hondo que su valor como hombre se encuentra en la buena mirada de su madre o de otra mujer.

El hecho de que la hombría provenga de las mujeres constituye una extraña e irresoluble paradoja. Por eso, es bueno para el hijo volverse al padre y, en un sentido interior, decirle: «Ahora me pongo a tu lado, y al lado de todos los hombres de la familia, en su atmósfera; ahora me hago hombre como tú y como todos los demás, sea lo que sea lo que hayan vivido, y sea como sea que hayan sido». Pero también es bueno reconocer que, para la madre, el padre es el mejor, y que uno, como hijo, sólo es hijo. Lo cual libera estos enredos más de lo imaginable y reestructura el mundo interior para que se abran camino nuevas posibilidades en nuestra vida y en nuestra vida de pareja.

Sucede exactamente lo mismo con la mujer. Una mujer se hace mujer con las mujeres, en ellas encuentra e inhala el aroma de lo femenino, pero algunas mujeres se mantienen pegadas al padre, a menudo incluso por encima de la madre, y en sus relaciones de pareja tienen graves dificultades para respetar a los hombres y para darle a su pareja un buen lugar. Muchas veces se mantienen atadas a su sentimiento de princesas de papá, se muestran muy seductoras pero no consiguen vislumbrar a ningún hombre que esté a la altura definitiva del padre. Además, esperan que el hombre les dé el valor que necesitan como mujeres, lo cual es otra paradoja irresoluble. Son muy seductoras, atractivas y apasionadas, y convencen a los hombres de que son maravillosas; son únicas en el arte de la conquista. Los hombres se dejan convencer fácilmente, pero ellas se mantienen en la insatisfacción y buscan al hombre definitivo que nunca llega. A menudo encarnan el prototipo de la amante, porque los hombres no pueden darles su valor como mujer: esto sólo es posible a partir de la madre y de las mujeres.

Muchas veces se casa «la hija del padre» con «el hijo de la madre», y las relaciones son muy intensas, muy apasionadas, pero muy difíciles y turbulentas. Con suerte trabajan y reestructuran su mundo afectivo. Con menos suerte, el final es virulento y presenta visos de drama o tragedia.

¿Y qué pasa con los hombres y las mujeres homosexuales? Algunas teorías hablan de la existencia de cuatro sexos: hombres con cuerpo de hombre, hombres con cuerpo de mujer, mujeres con cuerpo de mujer y mujeres con cuerpo de hombre. Otras teorías afirman incluso que el sexo es una construcción cultural. Sea como fuere, el mecanismo sigue siendo el mismo: la mujer sólo puede encontrar su referencia de mujer con otras mujeres, y el hombre sólo puede encontrar su referencia de hombre con otros hombres. Después, una mujer puede salir al encuentro amoroso de otra mujer o un hombre de otro hombre, pero la forma de hacerse mujer u hombre es la misma.

Una vez trabajé con un hombre que me dijo: «Ahora tengo una pareja mujer, pero no sé si soy homosexual o heterosexual». Hicimos una constelación y vimos un hecho importante en su historia: antes de que él naciera murió una hermana suya. El médico le dijo en aquel momento a la madre: «Será mejor que tenga otro hijo, o morirá de pena». Y tuvo a mi cliente. En la constelación, el representante del hombre miraba a la hermana muerta y le decía: yo soy tú. Sentía que vivía en un cuerpo de hombre, pero también que dentro de él vivía su hermana, porque este hombre representaba a la hermana que había muerto en el sistema familiar. Entonces ocurrió algo muy hermoso: pusimos a su novia en la constelación y vimos que ella también amaba a la mujer que él llevaba dentro.

Como puede verse, el territorio amoroso es vasto y complejo. En cualquier caso, ante un problema de relación de pareja, puede ser útil preguntarse: ¿me siento como hombre alineado con mi padre y con los hombres de mi familia, y logro mi hombría y masculinidad a través de ellos y el lugar interior de compañero al lado de una pareja? ¿Me siento como mujer alineada con la madre y las mujeres de mi familia y las mujeres en general, de manera que realizo mi feminidad a través de ellas y logro el lugar de compañera al lado de una pareja? O, en términos más generales, ¿con quién me siento todavía tan atado que impide que mi energía esté disponible para mi pareja actual?

La presencia de los padres en nuestra pareja se experimenta también a través de su bendición y su buena mirada hacia nuestra unión. Algunos hijos o hijas que se unieron con su pareja sin esa bendición, o con la abierta oposición de los padres, pueden encontrar dificultades y resistencias para abrirse y tomarla completamente debido a la lealtad oculta hacia sus padres, o bien sumergirse en una molesta dinámica de movimientos interiores contrapuestos: lealtad hacia la pareja y lealtad hacia los padres al mismo tiempo, sin la opción de sentirse en paz con ello. Aunque parezca un arcaísmo, no deja de ser crucial para muchas personas recibir la bendición de sus padres para la pareja que tienen, de modo que el bienestar y la prosperidad florezcan con ella.

16

LA BUENA CULPA

En la pareja no hay culpables ni inocentes, sino bailes compartidos, engranajes sistémicos que nos llevan a tomar ciertas posiciones o conductas. No hay justos e injustos, sólo lealtades a nuestros anteriores que nos inducen a repetir patrones. Muchas personas, en su relación de pareja, sufren por el hecho de tomar a su cargo la culpa y los errores, mientras salvan la cara de su *partenaire*, que respira aliviado por su inocencia y no tiene que enfrentarse a sí mismo. Y, al revés, personas que culpan desesperadamente al otro para salvar su dignidad y se explayan en su enojo haciendo recaer sobre su pareja todos los males. Nada de esto sirve, ni entonar el mea culpa ni tampoco el *tua culpa*. Ni culparse ni culpar. Lo que sí ayuda es entender nuestra coparticipación en los resultados que tenemos y responsabilizarse de ellos, y a ser posible flexibilizarnos y desarrollar opciones nuevas que puedan hacer cambiar el statu quo de la pareja.

No obstante, el sentimiento de culpa tiene demasiada mala prensa, está desprestigiado, como si fuera un error propio de estúpidos o pusilánimes, como si no tuviera que existir o hubiera que derrotarlo a cualquier precio. Es cierto que una gran parte de la culpa que sentimos acentúa nuestra angustia interior y es la respuesta a voces interiores tragadas de la sociedad o de la religión, que reflejan un universo loco y dividido entre bondad y maldad. Pero, como tiendo a pensar que la naturaleza no fabrica desechos sino utilidades, creo que también la culpa es, en muchas ocasiones, un sentimiento útil, biológico, que cumple ciertas funciones. Y puesto que con toda seguridad alguna vez nos sentiremos culpables, vale la pena interrogarse sobre su función y utilidad.

La primera función importante es la de avisarnos de que estamos poniendo en peligro nuestras lealtades y nuestra pertenencia hacia aquellos que queremos, y muy especialmente hacia nuestra familia de origen. Cada grupo, cada familia, está surcada por un conjunto de reglas y normas, implícitas o explícitas, cuyo cumplimiento asegura nuestra pertenencia al grupo y nuestra buena conciencia. En la terapia Gestalt llamamos «introyectos» al conjunto de mandatos de los padres y de la familia que nos hemos tragado, asimilándolos sin previa digestión. El proceso de crecimiento e individuación se produce al cuestionar estos mandatos y rechazarlos, o asumirlos como propios después de una buena masticación que nos indica que nos convienen y que podemos elegirlos. Sin embargo, cuando vamos más allá de los introyectos y de las reglas enmarcadas en el cuadro de nuestros grupos, o de nuestra familia, crecemos y nos exponemos a una mayor soledad interior, y experimentamos culpa. Se trata de una culpa buena, una culpa de crecimiento, de desarrollo, una culpa por perfilar nuestro propio camino y nuestros propios valores a nuestra propia manera. Se trata de la culpa por ser felices, o más felices, cuando otros no lo fueron tanto, una culpa por estar bien cuando otros no lo estuvieron, una culpa por vivir cuando otros murieron pronto, una culpa por hacer las cosas a nuestro modo en lugar de al modo familiar, etcétera.

Explicaré una anécdota personal a modo de ejemplo. Mis padres jamás en su vida tomaron un avión. Eligieron vivir en un entorno agrícola y campestre y no necesitaron ni se plantearon grandes viajes. Pues bien, cuando hace muchos años yo empecé a ir por el mundo, impulsado por una gran curiosidad y para atender demandas profesionales, me asaltaba a menudo una sensación de malestar, como si el mundo me quedara muy grande. Me preguntaba: ¿qué hace que me sienta así? Y encontré la respuesta: sentía que me alejaba más de la cuenta e iba más allá de las formas conocidas en mi grupo de referencia. Tuve que superar esa lealtad a los códigos de origen y asumir la culpa de que estaba haciendo las cosas de otra manera, de que yo no estaba enraizado tan profundamente en la tierra como mi familia, y de que mi destino, al menos durante unos años, era moverme por el mundo. Ahora ya no siento culpa, he aprendido y aceptado que cada uno tiene su vida y su movimiento. Y cada vez más siento el mundo, cualquier rincón del mundo, como mi casa y como un lugar en el que estar bien.

Éste es un ejemplo muy simple que nos permite comprender la sutileza de nuestras lealtades. Lo que hay que saber es que el camino de la pareja feliz también es un camino de culpa, de una culpa buena que debemos soportar y sostener, en lugar de erradicarla, y que se origina porque nos va bien, porque somos felices y estamos en sintonía con nuestro propio movimiento interior. Imaginemos el caso de una mujer cuyas generaciones anteriores se han sentido desdichadas, o controladoras, o rígidas, o víctimas, y ella logra otra nota, otro sabor de vida, y vive gozosa, respetuosa y relajadamente su relación de pareja. Seguro que tiene que enfrentarse a la picazón de la culpa y asumirla, desarrollando mucho amor hacia la vida de sus antepasados y hacia la suya propia.

Otra función que cumple la culpa es la de pellizcarnos para que tomemos clara conciencia de que hemos hecho daño: a nosotros mismos (faltando a la verdad de nuestro corazón en alguna elección, por ejemplo, casándonos a sabiendas de que no lo hacemos de verdad, o interrumpiendo una relación que nos llegaba a tocar en demasía, lastimando nuestro amor), a los demás o a la vida. Y también experimentamos culpa cuando no cumplimos con nuestros compromisos o no saldamos nuestras deudas, en muchos niveles.

Hay que asumir que todos tenemos la capacidad de dañar, y de hecho lo hacemos de muchas maneras. Me parece crucial que las personas logremos ir más allá de la pretensión de ser inocentes y nos reconozcamos como potencialmente perpetradores, es decir, que nos asumamos como personas reales que a veces hacemos daño y no como personas ficticias, o por lo menos con la ficción de la inocencia radical, lo que no deja de ser un delirio infantil. De hecho, dañar en un sentido extremo significa faltar al amor, hacia uno mismo, hacia los demás o hacia la vida en general, y yo diría que, en alguna medida, todos estamos afectados por ello. Así como sólo debemos sostener y soportar la culpa buena que produce crecimiento, la culpa por daños o incumplimientos es más peligrosa, porque si no la asumimos, integramos o compensamos en caso de ser posible, puede ser que la expiemos o paguemos un precio inadecuado por ella, bajo la premisa loca y cuestionable de que un daño causado se paga infligiéndose otro daño, lo cual no es compensación sino pura e inútil expiación. Los daños causados se compensan haciendo algo bueno por el otro, el perjudicado, y no algo malo en contra de nosotros mismos.

Hace poco trabajé con una mujer que, ante la clásica pregunta «¿de qué se trata?», me dijo: «de la culpa». Empezó a explicar cosas y la interrumpí: «No, no quiero tus explicaciones, quiero saber cuál es tu culpa». Y me dijo: «Aborté a unos gemelos y, además, he descubierto que mi hija mayor no es en realidad hija de mi marido». En un caso así, muchos terapeutas tratarían de mitigar la culpa, de dar consuelo. Dirían: «No hay para tanto, todo tiene su justificación». Pero esto no sirve, porque la persona siente contacto con una culpa muy real y muy profunda, lo cual en sí mismo ya es un paso. A menudo se reprime la culpa en el plano consciente, pero la expiación se desarrolla inconscientemente, por ejemplo, a través del cuerpo y de la enfermedad.

Cuando hemos hecho daño, lo que nos ayuda es sentir y llevar la culpa y reparar lo que se pueda, si se puede. «Ante lo hecho, pecho», se suele decir, y es cierto: hay que albergar en nuestro pecho los sentimientos y consecuencias de lo que hicimos, en lugar de esconder la cabeza bajo la arena. Aquella mujer pudo, poco a poco, ir mirando su culpa y aceptarla. Y decir: «Sí, estoy de acuerdo, te llevo conmigo y te asumo». Y mirar a los niños abortados y decirles: «Os veo, y os sacrifiqué porque quise, en beneficio mío, y os agradezco y os reconozco y os doy un lugar en mi corazón». Son frases muy rotundas, lo sé, pero la realidad es que uno hace la mayoría de las cosas porque lo elige, aunque no escaseen los argumentos que lo apoyan, pero a la vez tiene que enfrentarse al hecho de que hizo una elección. Aquella mujer pudo finalmente asumir con mucho dolor su culpa y sobrellevarla, y eso le hizo bien, pues las culpas que no asumimos nos debilitan y nos alejan de nuestro centro. Por otro lado, poco a poco empezó a predominar en ella un sentimiento de amor hacia los hijos abortados y hacia ella misma.

Quien esté libre de culpa que tire la primera piedra, pues. No creo que se trate de una actitud moral ni que nadie tenga derecho a enjuiciar a los demás, ni que tengamos que pasar examen ante el tribunal de lo correcto. Nada de eso. Tanto la culpa buena como la culpa por daños, en mi opinión, son culpas biológicas y necesarias, y nos enfrentamos a ambas en un momento u otro de nuestras vidas. La primera, la buena culpa, suele salirnos al paso cuando logramos avanzar hacia nuestra felicidad incluso a pesar de sus zarpazos, que tratan de asegurar la lealtad hacia nuestros seres queridos, y la segunda, la culpa por daños, nos lleva a asumir nuestro potencial dañador, y dejamos de pretendernos inocentes, dándonos cuenta de cómo, en ocasiones, traicionamos el amor. En ese caso, cuando hemos lastimado a otros o a nosotros, reconocemos a las víctimas (nosotros, los demás, la vida, etcétera), agrandamos nuestro pecho y logramos seguir amándonos con ello, y si podemos, compensamos los daños de una manera constructiva, renunciando a expiaciones inútiles.

Hay otra culpa, verdaderamente estúpida e inútil, que viene del exceso de importancia personal. Consiste en creer, gracias al pensamiento mágico de que todo gira a nuestro alrededor, que muchas cosas no ocurren por su propia voluntad, sino que nos incumben o conciernen. Un hombre africano que vino a vivir a Europa se quedó muy sorprendido por la cantidad de culpa que sentían los europeos, y llegó a la conclusión de que esto era así porque los europeos se sienten muy importantes y autorreferenciales. Si lo llevamos al ámbito de la pareja, conviene comprender que al otro le pasan cosas por su propia cuenta, que no todo lo que vive es por nuestra concurrencia, que si se accidenta, o se desenamora, o se queda, o se va, puede que suceda incluso con independencia de nuestro comportamiento.

No quisiera terminar este capítulo sin agregar, a modo de cierre, que tal vez, en un sentido absoluto, no existen las culpas, y aunque sea conveniente e inevitable asumir y desarrollar nuestra responsabilidad por lo que hacemos y elegimos, en otro orden de cosas quizá todo sea dirigido por un hacedor que así quiere que sean los hechos de la vida, tal como son y se manifiestan; y en algún nivel estamos en sus manos, también por lo que respecta a sus designios sobre la pareja y nuestra vida en compañía de alguien amado. En esta dirección, culpa y perdón no serían sino modos de arrogancia frente a lo divino y su voluntad.

17

EL MOVIMIENTO AMOROSO INTERRUMPIDO

El movimiento amoroso interrumpido, del que se derivan consecuencias cruciales, es algo muy sencillo: cuando un niño ha perdido durante un tiempo el contacto con sus progenitores, con su padre o con su madre, por enfermedad, por ausencia, por entrega en adopción o acogida, por muerte o por cualquier otro motivo, el movimiento espontáneo amoroso natural de un hijo, que consiste en ir confiadamente hacia los padres y abrazarlos, encontrando el sostén y la conexión con ellos, se interrumpe y queda truncado. Entonces, el hijo, en lugar de ir directamente a los padres y abrazarlos con amor, aprende a congelar su corazón y su cuerpo y a tomar una posición defensiva, como por ejemplo: «grito y así me harán caso», «lloro y así vendrán», «me vuelvo crítico con mis padres y así no sufro», «me cierro y así estoy protegido», entre otras. Son formas de buscar el amor, pero por el camino desviado. En realidad, se trata de estrategias indirectas, tortuosas y complejas, de búsqueda de amor y conexión con los demás, que configuran el paisaje de la neurosis y el sufrimiento humano. Lo que solemos hacer las personas, a menos que desarrollemos suficiente conciencia o curemos bien las heridas, es repetir este esquema relacional/afectivo en el intercambio amoroso. Por ejemplo, si la relación con los padres es de víctima, es fácil que se repita el esquema con la pareja, hasta que el otro, que probablemente adoptó un rol salvador con los suyos, se dé cuenta de que no consigue salvar a esa persona y la relación se deteriore o termine en violencia y gran desazón. Ésta es, en definitiva, la otra cara del buen amor.

Personalmente, creo que esta interrupción del movimiento amoroso espontáneo y natural hacia los progenitores no sólo ocurre cuando hay una separación temprana y dolorosa con la madre o el padre, o con los dos, sino que es universal, que todos lo interrumpimos en algún momento, a veces de una manera grave y otras de una manera más suave. Es decir, todos experimentamos algún tipo de caída del paraíso amoroso biológico lleno de inocencia e ingresamos penosamente en las filas del miedo, convirtiendo la pureza de nuestro corazón en un tortuoso negociar con el amor. Wilhelm Reich, conocido por ser uno de los pioneros en introducir el cuerpo y su coraza muscular en la terapia, nos habló de la plaga emocional que se perpetúa entre padres e hijos. Esto quiere decir que incluso los mejores padres, o los padres mejor intencionados y amorosos, hieren en algún momento a sus hijos, y también todos los hijos hieren alguna vez a sus padres. Las heridas, la falta de respeto, también forman parte de cualquier relación de intimidad. La herida puede ser grave, como cuando se pierde a uno de los padres, o cuando se producen abusos o violencias, o incluso cuando el feto sufre por exceso de emociones estresantes o por el uso de tóxicos durante el embarazo, pero, en cualquier caso, a todos nos toca descubrir y trabajar de qué manera interrumpimos este movimiento amoroso espontáneo y qué estrategia, qué estilo afectivo, qué modo tortuoso, qué negocio vincular indirecto generamos al hacerlo. Porque muy probablemente vamos a llevar a la pareja ese estilo afectivo y tendremos que revisarlo.

Hay parejas instaladas en estilos afectivos que no encajan y que les causan mucho sufrimiento y mucha desnutrición. La pareja tiene que tolerar y sostener cierta cuota de malestar, o de tensión o de estrés en ciertos contextos, pero, si esta situación se cronifica, las personas pierden vitalidad, se desnutren. Y una de las funciones de la pareja es resultar nutritiva y vivir el acompañamiento del otro. En suma, sumar más que dos.

Hay muchos posibles estilos afectivos. Está, por ejemplo, el «yo, y por encima de todas las cosas yo». Hay personas que llevan este estilo al extremo y ocultan la gran necesidad que tienen de fundirse en el otro, de depender del otro, de caer en los brazos del otro. En el extremo opuesto, hay quienes apuestan por un «furiosamente tú en lugar de yo». Se trata de personas que se adaptan y caminan por el camino del otro, y ocultan su necesidad imperiosa de decir algún día «yo» y atender sus propias necesidades. Si se une un estilo «yo» con un estilo «tú», pueden encajar durante un tiempo, pero algún día entrarán en crisis. Si saben hacerlo, cambiarán sus parámetros, y quien decía tanto «yo» dirá también un poquito «tú», y quien decía tanto «tú» dirá un poquito «yo». A veces podrán ajustarse. Y a veces no.

¿Cómo se puede reparar ese movimiento amoroso interrumpido? No es fácil, pero cualquier reparación posible pasa por aceptar de corazón a nuestros padres y lo que en su momento dolió y fue difícil. Y no basta con tener claridad mental sobre los mecanismos, ni saber cómo funcionan; se necesita además trabajar con el cuerpo y liberar sentimientos y emociones atascados en él. El cuerpo guarda memoria de nuestras heridas y traumas y necesita descongelarse, desapretarse, soltarse, volver a confiar y a sentirse inocente. Y para ello se requieren métodos activos y no sólo discursivos, y técnicas escénicas, teatrales, psicodramáticas, gestálticas, corporales, de Constelaciones, etcétera. Enfoques experienciales que proveen vivencias y no sólo pensamientos, que facilitan reestructuraciones emocionales y orgánicas, además de cognitivas. Se necesita, en definitiva, sostener el dolor de lo que ocurrió sin defendernos, durante el tiempo suficiente para que se torne amor. Se requiere *reabrazar* a nuestros padres hasta rendirnos y regresar al flujo del movimiento amoroso espontáneo que se interrumpió. Se vuelve imperativo abrir el corazón hacia lo que nos hizo sufrir, no porque el sufrimiento en sí mismo sea sanador, sino porque abrir el corazón sí lo es.

Por lo demás, yo creo que habita en todos nosotros un núcleo de amor biológico, trascendente, una instancia profunda que sólo conoce el amor, en la que descansamos cuando nos asentamos más y más en nuestra verdadera naturaleza.

18

TOMAR A LOS PADRES

Es muy importante sanar el vínculo con los padres, porque es la forma de sanar nuestro vínculo con la vida y con nosotros mismos. Para el hijo, los padres representan simbólicamente la vida. Si estamos en paz con ellos, estamos en paz con la vida; cuando los tomamos a ellos, podemos tomar la vida en todas sus dimensiones.

En el fondo, sabemos que estamos mejor cuando honramos a nuestros padres, cuando podemos hacer espacio a todas las personas de nuestro sistema y también cuando podemos amar lo que somos tal como somos. Eso incluye honrar también las heridas, lo que fue difícil, lo que fue doloroso. No se trata, como decía, de un proceso intelectual, sino físico y emocional, y tiene lugar cuando sentimos la necesidad de poner en movimiento ciertos sentimientos, de liberarlos, aligerarlos o apaciguarlos. Lo importante aquí es que se trata de un proceso que nos ayuda a acercarnos a la pareja, porque la pareja es también la vida. Así que, a la hora de ir hacia la pareja, nos ayudará haber tomado a nuestros padres, habernos puesto en sintonía con nuestros anteriores, haber dicho que sí a lo que fue y, de ese modo, haber liberado nuestros tortuosos estilos afectivos. Entonces, llenos de nuestros padres, estaremos conformes con la vida.

Todos arrastramos heridas y dolores provocados por nuestros padres. Por eso es un reto tomarlos en su totalidad, porque eso significa tomar también las heridas y el dolor. Algunos hijos dicen: «También estas heridas y estos dolores los tomo para mi vida». Y toman a los padres junto con las heridas y los momentos difíciles. Otros dicen: «Como fui herido, justifico mi sufrimiento y reclamo». Y, sin darse cuenta, reclaman a la persona equivocada: la pareja.

Hay que aceptar que todos fuimos heridos en algún momento, que cualquier relación de intimidad hiere en una u otra ocasión, y que eso no justifica que rechacemos a nuestros padres y lo que vivimos con ellos.

Hace tiempo que explico en mis talleres una historia que habla de este tema, la historia de las monedas. La conté también en un libro titulado *Dónde están las monedas. Las claves del vínculo logrado entre hijos y padres*. Dice esa historia que, una noche, un hijo (o una hija, sirve por igual) recibió en sueños unas cuantas monedas de sus padres. El hijo se sintió muy contento, así que, al despertar, fue a la casa de sus padres y les agradeció las monedas que le habían entregado. No valoró si eran muchas o pocas, si eran de un metal precioso o vil, simplemente las tomó y dio las gracias. Esa noche, otra persona tuvo el mismo sueño (todos tenemos este sueño en algún momento de nuestra vida), pero esta persona se sintió mal cuando recibió las monedas, se crispó y enfadó. Al día siguiente fue a la casa de sus padres y les dijo:

—Las monedas que me habéis dado esta noche en sueños no son las que merezco, no son las que necesito, no son las justas ni las adecuadas para mí. Así que no las tomo aunque vengan de vosotros.

Entonces, sintió una fuerza extraña, la fuerza que viene de la oposición a la vida, del resentimiento, del victimismo, del afán de venganza, del orgullo, de la vanidad, de la comparación constante con los demás, del ansia de poder, etcétera. Porque quien no toma las monedas se sostiene en esta falsa fuerza, mientras que quien toma las monedas se sostiene en la realidad, que en el fondo es lo único que nos puede sostener.

La persona que no tomó las monedas miraba a las mujeres (o a los hombres) y pensaba: «¿Será esta mujer o este hombre el que tiene las monedas que no tomé de mis padres porque no me las dieron de la manera justa y adecuada?». Y empezó a buscar las monedas en su pareja, pero la pareja no le pudo dar lo que correspondía a los padres. Luego buscó las monedas en los hijos, pero ellos tampoco las tenían. Las buscó también sin éxito en el poder, en la fama, en la riqueza, pero no las encontró en ninguna parte. Entonces fue a ver a un terapeuta, pues se encontraba muy mal, y el terapeuta le dijo:

—Yo tampoco tengo las monedas.

Pero empezaron a trabajar, y el trabajo le llevó a darse cuenta de que debía aceptar las heridas y el dolor, y renunciar a la idea de que sus padres tenían que haber sido o actuado de forma diferente de como lo hicieron. Tenía que amar la realidad tal como fue y renunciar a la idea de lo que debía haber sido. Y así, finalmente, aceptó las monedas, que representaban todo lo que había vivido con sus padres, lo bello y lo feo, lo alegre y lo triste, lo tierno y lo violento.

Quien logra al final tomar las monedas de los padres está en sintonía con la vida. El mandamiento bíblico «honrarás a tu padre y a tu madre» dice a continuación: «y así tendrás una larga vida sobre la tierra». Y esto es muy importante, porque en todo lo que hacemos siempre hay una pregunta implícita: ¿vida o muerte? Cualquier movimiento se dirige hacia la vida o hacia la muerte. Y honrar a los padres significa honrar a la vida.

Los padres se sienten honrados por los hijos cuando éstos aprovechan la vida, cuando hacen algo bueno con ella. Entonces experimentan que valió la pena, se sienten orgullosos y descansan contentos. ¿Hay algún padre que no desee que sus hijos sean felices? ¿Hay algún padre que no desee que sus hijos abracen la vida con todas las consecuencias? Los hijos pueden sintonizar con este deseo, pero muchas veces prefieren sintonizar e involucrarse con los problemas de sus padres, y sentirse sus víctimas o sus salvadores. Y, así, ¿tienen más vida o menos vida? Menos. Y los padres, de paso, son menos felices.

Como padres, es muy bello cuando un día vienen nuestros hijos y dicen, de una forma u otra:

—Aquellas monedas que me disteis fueron las necesarias y las justas. Y con ellas recorro el camino de mi vida. Así que os doy las gracias. Y en todo lo bueno que vivo en mi vida también os tengo presentes.

Ante algo así, los padres sienten que valió la pena. Incluso cuando los padres cargan con culpas muy graves, cuando hicieron daño a sus hijos, cuando fueron violentos o pusieron en peligro su vida, o abusaron de ellos sexualmente o los abandonaron de una forma u otra, el hijo puede seguir desarrollándose bien si toma la realidad como fue. Es decir, también las personas que sufrieron grandes heridas pueden desarrollarse bien. Pero se necesita un movimiento interior. Y el movimiento interior para ello es: «Tomo estas monedas, padres, y permito así que os llevéis la culpa y las consecuencias de los actos terribles que cometisteis, pues yo soy inocente». Ocurre algo muy extraño cuando tomamos a los padres plenamente: en el momento en que entran dentro de nosotros, aquello que parecía tan amenazador se desvanece. Porque, cuando abrimos el corazón, queda afuera lo que nos puede dañar, y cuando cerramos el corazón, quedamos unidos a aquello a lo que cerramos el corazón. Es un principio existencial: aquello que rechazamos nos ata, aquello que aceptamos nos libera.

Es cierto que hay una fase en la vida en que las personas necesitan decir no a los padres, pero es un no conductual, de acción, no necesariamente de corazón. Es normal, en cierto momento, que exista esa necesidad de separarse, de diferenciarse, de hacerse grande con respecto a los padres. Sin embargo, si el hijo dice con el corazón a sus padres: «No, no tomo aquello que viene de vosotros porque no es lo que merezco», aunque se vaya a Australia seguirá notando una cuerda enorme que lo ata a sus padres a través del rechazo. Y si dice: «Me alegro de que os juntarais y me dierais la vida, y os doy las gracias y digo sí a la vida que me disteis y la aprovecho, y en todo lo bueno que vivo en mi vida os tengo presentes», entonces los padres se sienten grandes y el hijo se siente impulsado a la vida, y puede dejar a los padres y seguir su propio camino, poseer la vida, fecundarla, inyectar sus genes en el torrente de la vida, crear, arriesgar, vivir. Y de vez en cuando se volverá hacia sus padres y dirá de nuevo: «Gracias».

El rechazo ata. El asentimiento libera, pues es amor. Lo dijo san Agustín: «Ama y sé libre».

19

LA PAREJA DE TRES: SEXUALIDAD, INFIDELIDADES Y ADICCIONES

Si en un sentido simbólico y sistémico la pareja es el encuentro de muchos, en un sentido real es el encuentro de dos que se unen para un camino común durante cierto tiempo de su vida. Y son pares, o sea, dos e iguales; al menos, sería lo deseable. No obstante, en el mundo de la pareja suele ser una dinámica bastante común el que, en lugar de dos, sean tres en su campo emocional, lo que significa que la atmósfera de la pareja incluye un tercero sobre el cual pivotan sus más importantes dinámicas. Este tercero, que configura el triángulo, puede ser un amante, el alcohol, drogas u otras sustancias, una pareja anterior, una pareja idealizada por la fantasía interior de uno de los miembros de la pareja, la madre o el padre de uno de ellos, o bien un hijo especialmente querido por uno de los padres por encima del otro progenitor, o incluso un trabajo o vocación especial, etcétera.

Algunos autores hablan de «la pareja alcohólica o adicta», en el sentido de que no sólo es adicto quien consume, sino que ambos convierten el alcohol o la sustancia en el principal foco de atención de su relación: el adicto se indignifica consumiendo, y su pareja se suma a él, o lo persigue y lo reprende, y/o trata de salvarlo, o bien se convierte en su víctima a través de los maltratos que conllevan las adicciones. El alcohol y otras sustancias calientan el corazón y actúan como amores seguros, siempre disponibles, especialmente para aquellas personas que no se sienten queridas, sino despreciadas por su pareja, o bien en su familia de origen el padre era despreciado por su mujer o viceversa. Entonces se construye un bucle fatal: el adicto va hacia la sustancia buscando el calor que le falta porque no se siente querido, y su pareja lo desprecia legítimamente por ello, pero entonces el adicto se siente aún más despreciado y consume más, lo cual le trae un mayor desprecio de la pareja, y así en una escalada imparable, de difícil resolución si no se aborda clara y decididamente.

Naturalmente, el consumo de sustancias adictivas, que son sucedáneos de mala calidad del amor o anestésicos emocionales contra el dolor, lleva a la destrucción; y también es común que las personas con adicciones se orienten hacia la muerte, como si los lazos que las sujetan a la vida fueran débiles y quisieran seguir a alguna persona querida que ha fallecido, o como si trataran de expiar una culpa o, simplemente, retaran a la muerte en un trágico duelo de poder. En especial, y aunque suene muy simple, son candidatos a la adicción los hijos e hijas que no reciben el permiso (o que directamente reciben la condena) de su madre para querer a su padre, y en lugar de llenarse del padre se llenan de sustancias. Sea como sea, el alcohol —u otras drogas— toma el lugar del tercero en la pareja y necesita ser desalojado para que la pareja se desarrolle como tal. En el fondo, el alcohol no deja de ser el amante secreto, cuando la adicción está escondida, o el amante público, cuando es abierta y notoria.

En cuanto al tema de los amantes, un asunto importante en el mundo de la pareja tiene que ver con la libertad y los pactos que se establecen en el ámbito de la lealtad y la fidelidad sexual, con las intensas emociones de todo tipo que esto desata, incluyendo los celos que rodean a la infidelidad y que a veces son su consecuencia pero que en otras ocasiones la preludian e incluso la desencadenan. He visto parejas en las que uno de sus miembros siente enormes celos infundados, haciendo presente en el espacio mental de ambos un hipotético e inexistente amante, como si pretendiera conseguir, con su insistencia celosa, que su pareja fuera realmente infiel y tuviera una aventura con un tercero. Estas personas a veces no paran hasta que lo consiguen, pues el mayor anhelo de una profecía es su cumplimiento, y la diana de un temor intenso se obtiene con su verificación y confirmación. Parecería que el objetivo de los celos fuera perder a la pareja, inventarle a otro (lo que tal vez no entrara en los pensamientos de la pareja) e invitarla a tomar esa dirección. Parecería también que la persona celosa juega con el deseo oculto de no ser elegida: en el contexto de una contienda amorosa por la que experimenta pasión, apostará por el deseo de quedar de nuevo herida y al margen, como una tercera persona excluida por dos que se quieren, o querrá confirmar su convicción de que no merece amor para encontrar así la gratificación de sorberse sus propias lágrimas. O bien trata de sentirse triunfante, encontrando el valor y la confirmación de sí misma a través de su victoria ante un tercero, en lugar de confiar en el amor. Son juegos y libretos tan intensos como trágicos que actúan como reminiscencia de dinámicas familiares dolorosas en las que se compitió por el amor con hermanos, o con uno de los padres en contra del otro.

En resumen, los celos son una paradójica invitación a la infidelidad y consiguen lo contrario de lo que parecen pretender: perder a la persona querida en lugar de mantenerla.

Otro asunto es la presencia real de amantes y de infidelidad, lo que nos abre interrogantes sobre su significado y sobre cómo manejarlo. Ya hablé del valor de la compensación negativa o de la venganza con amor cuando algo nos provoca dolor. En general, las infidelidades duelen y conviene compensarlas, sobre todo si el pacto con la pareja es de fidelidad. Por otro lado, las estadísticas muestran que la infidelidad, entendida como apertura sexual a una persona distinta de la pareja, es muy alta. Quizá constituya una fuerza que no puede ser sujetada siempre en el marco convenido de la pareja como unidad social, y quizá todavía tenga reminiscencias de la sexualidad multihombre y multimujer de nuestros recientes antepasados cazadores-recolectores.

También creo que es cierto que la sexualidad pertenece a cada persona y se enraíza en su más profunda intimidad. Cada uno debe apropiarse de su sexualidad y hacerla crecer a su manera, sin delegarla o proyectarla en los demás. He visto a muchas mujeres (de generaciones anteriores, aunque también jóvenes) que se comportaban como si la sexualidad perteneciera a los hombres y no a ellas. Ellas simplemente concedían, en lugar de concederse; o sea, el sexo era un ingrediente de intercambio, un ofrecer al otro en lugar de ofrecerse a sí mismas. Y también he conocido a hombres que, desconectados de su sexualidad y de su instinto, practican un sexo ejecutivo, basado en el desempeño y en realizar una buena actuación, que sólo tiene por objetivo lograr el orgasmo de su *partenaire*. Pero la sexualidad no es algo que damos o que nos dan, y tampoco es un encuentro ejecutivo, sino más bien un compartir; algo que, al pertenecernos, decidimos vivir en común con quien elegimos y a su vez nos elige, abriendo nuestro instinto y a menudo nuestro corazón, y compartiendo un verdadero encuentro de goce, intimidad y comunión.

Pero, dejando de lado la reflexión sobre el componente natural, o no, de la pluralidad de compañeros sexuales, veamos algunas dinámicas que rodean el tema de la infidelidad en la pareja establecida como camino común. Una primera dinámica se podría titular descarnadamente «entre los dos, lo hacemos»: ocurre en algunas parejas que uno de los dos no está disponible sexualmente, porque vive el sexo como algo engorroso y poco interesante (sea por la razón que sea, aunque en general hay que buscar los motivos en las luchas de poder o en el desamor en la pareja, y sobre todo en aprendizajes hechos en la familia de origen o en el marco educativo), y se siente liberado cuando el otro toma un amante, como si entre el amante y él se repartieran el espinoso trabajo de la intimidad y la sexualidad. Se obtienen con ello varios beneficios: se logra mantener el statu quo de la pareja como tal, y ésta puede sobrevivir gracias a un tercero (o terceros) que asume el importante y meritorio rol del amante; también se logra descomprensión y ligereza, y la persona no disponible sexualmente se siente aliviada; y, por último, ésta goza además de los beneficios de ser la víctima de la infidelidad y mantiene su estatus de «correcta».

Una segunda dinámica muy habitual es justamente la contraria. La podríamos denominar «gracias a tu presencia». En este caso, el amante no sirve para mantener el statu quo de la pareja, sino que actúa de espoleta para disparar una crisis y abrir la puerta a un reacomodamiento o una separación que se ha estado tejiendo en las honduras de la pareja durante cierto tiempo, sin que ninguno de los dos fuera capaz de abordarla hasta la llegada de un tercero. En este caso, el tercero viene a favorecer una crisis anunciada.

Una tercera dinámica tiene que ver con escaladas de compensación negativa y venganzas no amorosas, en las cuales uno de los dos, o los dos, compensa heridas y dolores tramitando su derecho a tener intimidad y sexualidad con otras personas, a sabiendas del dolor que causa, y precisamente por ello. La podríamos llamar «contigo le hago daño a mi pareja».

Una cuarta, como ya vimos, se relaciona con la repetición y la lealtad a la forma en que se hicieron las cosas en la familia de origen y en el sistema, algo así como «lo hago como vosotros»; o también «lo hago en vuestro lugar», pues a veces un hijo o una hija actúa según el deseo de infidelidad oculto o no permitido de sus padres; o bien «tres es más estimulante»; cuando el hijo o la hija compitieron fuertemente con el progenitor del mismo sexo por el amor del otro.

Una quinta dinámica la encontramos en personas que se resisten a dejarse tener o sienten un profundo temor al abandono, ya que aprendieron a vivir el amor como algo lesivo y tienen pánico a quedar atrapados de verdad en una relación. Por ello, se sienten más a salvo si tienen amantes; algo así como «entre todos no arriesgo mi corazón».

Y, por último, hay dinámicas sin una explicación clara, pues no hay que olvidarse del misterio, siempre presente, que mueve los hilos de las cosas con sumo capricho e incomprensiblemente, y que hace que de la nada, en contra de todo pronóstico, surja un tercero que acaba cumpliendo una función en la historia de amor y dolor de las personas y de las parejas.

Parejas anteriores pueden ocupar también el lugar de un tercero en la atmósfera de la pareja. Con suerte, sólo durante un tiempo prudencial, para luego, lentamente, irse apagando. Puede suceder que resulte difícil tomar plenamente una pareja posterior porque en el alma uno se sigue sintiendo unido a la anterior, ya que, aunque la separación haya sido clara y decidida, los tiempos del alma son más lentos. O también puede pasar que la nueva pareja se alíe y busque fuerza en la presencia de un enemigo común, que sería una pareja anterior, en especial cuando aún colean desacuerdos o litigios económicos o sobre hijos, por ejemplo. Si la presencia del tercero perdura mucho tiempo, se corre el peligro de no lograr que la pareja se energetice con su propio movimiento de amor, ya que recibe la energía de la presencia necesaria del tercero.

Otros terceros presentes en las relaciones de pareja pueden ser la madre, el padre, un hijo, la fantasía de otro idealizado, etcétera, lo cual también requiere ser trabajado, ordenado y liberado.

20

CUANDO EL AMOR NO ES SUFICIENTE (PROEZAS EXISTENCIALES EN LA PAREJA)

Cuenta una fábula sufí que un joven llamado Nasrudín llegó a un pueblo después de muchas horas de travesía por caminos polvorientos. Estaba acalorado y sediento. Dio con el mercado y allí vio unas frutas rojas desconocidas, pero aparentemente exquisitas y jugosas. La boca se le hizo agua. Fue tanto su júbilo que se compró cinco kilos. Buscó la sombra de un buen árbol en una calle tranquila y empezó a comérselas. A medida que comía, sentía un calor más y más intenso en la cara y en el resto del cuerpo. Empezó a sudar copiosamente, y su rostro y su piel se volvieron de un rojo encendido. Pero él siguió comiendo. Un viandante pasó por su lado y, sorprendido, le preguntó:

—Pero ¿qué haces comiendo tantos pimientos picantes con este calor tan terrible?

Y Nasrudín contestó:

—No estoy comiendo pimientos, me estoy comiendo mi inversión.

A menudo, las personas nos comemos nuestra «inversión» en la pareja aunque nos siente mal, aunque experimentemos la relación como equivocada o desvitalizante. Pero lo prudente y positivo puede ser abandonar el empeño, saber soltarse, deponer las armas, reconocer las señales de tensión en el cuerpo cuando lo que vivimos no nos produce satisfacción ni nutre a la pareja. Porque una pareja mantiene su sentido mientras sigue siendo nutritiva, creativa, y un campo abonado para acoger los movimientos del alma profunda de sus miembros, pero deja de tenerlo cuando no es así. En ese caso, hay que afrontar, tarde o temprano, la ruptura. Y el valor y el arte para la ruptura son tan cruciales como el coraje y el arte para la unión. Hay que rendirse, soltar lastre, desapegarse, aceptar. Aquí, rendirse significa dejarse llevar en brazos de una voluntad más grande que la propia, de un destino mayor, para que el dolor sea posible y nos dirija en otra dirección. Rendirse es el acto más humano de todos, porque nos enseña los límites, aquello que se nos posibilita y aquello que se nos niega; aquello que no es posible a pesar del amor y aquello que es posible más allá del amor.

En casi todas las parejas podemos rastrear la presencia del amor en alguna de sus manifestaciones: pasión, ternura, deseo, amistad, decisión, cuidado, admiración, compromiso... Cuantas más sean posibles y se integren y encuentren vida en la pareja, mejor. Sin embargo, para lograr el bienestar y la estabilidad en la relación, para que haya dicha, el amor no es suficiente. De hecho, la mayoría de las parejas que se separan lo hacen a pesar del amor, a pesar de que se quieren, pues sucede que no encuentran modos de gestionar su amor de manera que fermente en dicha. Muchos asuntos influyen en ello: caminos personales legítimos pero divergentes, destinos muy marcados en uno de los dos o en ambos (por ejemplo, poseer algún talento o sentir que se tiene una misión personal), pautas de relación tortuosas y estilos afectivos chirriantes, límites e implicaciones en el alma de las familias originales, vínculos anteriores que debilitan, modelos de pareja de nuestros anteriores que seguimos imitando aunque ya no sirvan, hechos de la pareja no integrados, etcétera.

Cuando dos personas se conocen, enseguida, incluso antes de hablar, activan esquemas de relación a través de su actitud y sus ademanes corporales. El otro o la otra nos invita a activar una serie de respuestas. Por ejemplo, A puede invitar a B a ser su salvador, a cuidarlo (o a ser su cómplice, o su fan, o su policía, o su controlador y mil etcéteras). Entonces, hace algo para que venga el otro y lo cuide. Pero cuando B cuida a A, A se siente más débil y B tiene que cuidarlo más, y esto acaba dando al traste con la relación. El bucle se realimenta y la relación se estereotipa y pierde creatividad. Ambos son buenas personas y se quieren, pero actúan según un patrón que en un determinado momento ya no se sostiene. Aquí, el problema no es la falta de amor, sino de buen amor. Y es que a veces, a pesar del amor, las personas están desnutridas e insatisfechas en la relación. Algunas, por ejemplo, se instalan en el victimismo y no son felices, y aunque anhelan desesperadamente el amor, si lo aceptaran, tendrían que renunciar a su posición victimista, con lo cual optan por enojarse con las personas que las quieren. Son las trampas del mal amor.

Cuando las personas tienen problemas de pareja, suelen pensar que no se comunican bien, pero ésa es sólo la superficie del problema, o más bien su manifestación. En el fondo, en el origen, hay patrones, dinámicas y pautas relacionales que comportan sufrimiento, o hechos que no han sido encarados o a los que no se ha dado la importancia que merecen. He observado, por ejemplo, que hay asuntos en las parejas que son como pruebas existenciales que actúan como torpedos potenciales en la línea de flotación de su supervivencia. Hechos que comportan retos y que, si son superados, unen y fortalecen el vínculo de manera perenne: un aborto espontáneo, el nacimiento de un hijo con una disminución, una enfermedad importante, la muerte o enfermedad de un hijo, ruinas o inesperadas fortunas económicas, la muerte o dependencia del padre o la madre de cualquiera de ellos, un aborto elegido, secretos y traiciones, adopciones, etcétera. En esas ocasiones, desafíos vestidos de dolor o de dificultad visitan a la pareja, y el reto consiste en ver si son capaces de encararlos juntos, de sobrellevarlos juntos y salir fortalecidos o no. En muchos casos se separan internamente porque no pueden con el peso, porque no son capaces de vivirlo juntos, de entregarse como compañeros al dolor, cada uno a su manera, pero juntos. Y lo que hacen es tratar de salvarse cada uno por su lado y a su manera.

No hay nada más conmovedor que ver a unos padres en el hospital, acompañando a su hijo en sus últimos momentos de vida, tomados de la mano, y a su vez tomando cada uno una de las manos del hijo, en un círculo de amor y dolor, y de respeto ante ese destino inclemente. Pero es mucho más común que las parejas no consigan este movimiento de amor y se desesperen. Es muy común, por ejemplo, que uno de los padres quiera seguir al hijo a la muerte o ya no se interese por la vida o lleve duelo crónico, mientras el otro se endurece y se aparta, de manera que en el fondo se pierden en el alma como pareja. En el caso de abortos elegidos es habitual que sientan que abortaron algo de su propia relación.

Los abortos voluntarios no son trámites superficiales. Todo lo contrario: mueven la vibración profunda del alma en sintonía con la vida y la muerte, de manera tal que a menudo las personas no logran enfrentarse a ellos desde la hondura del corazón e integrarlos bien, y lo hacen desde la llanura de la mente y la ideología. Pero no funciona. Cualquier terapeuta experimentado habrá visto romperse emocionalmente, tronchadas de dolor, a mujeres (y a algún hombre) que decidieron abortar, interrumpiendo el proceso de la vida (el aborto, en última instancia, siempre lo decide la mujer, por eso para ellas es más difícil de integrar y sobrellevar). Habrá visto cómo el dolor intenta abrirse paso hacia un movimiento de amor por esa criatura abortada y el anhelo de hacerle espacio en el corazón también con ese destino. Lo que no ayuda es la culpa, demasiadas veces inconsciente, que se expía a través de enfermedades, malestares anímicos, o cerrando la puerta a una buena pareja posterior. En el caso de mujeres adolescentes o muy jóvenes es especialmente difícil integrar un aborto, pues no saben cómo vivirlo y gestionarlo en su corazón, y quedan más o menos paralizadas y cargando con una culpa. Lo que se muestra en el trabajo de Constelaciones es que, en general, las criaturas abortadas no necesitan la vida, pero sí reconocimiento y amor hacia su presencia y su destino. En general, la muerte, la no vida, es un problema para los vivos, no tanto para los que ya no viven.

Sirva esta larga digresión sobre el aborto para desembocar en el tema general de que la pareja se enfrenta a proezas existenciales cuando debe encarar hechos dolorosos. Y las supera cuando ambos se mantienen juntos, lloran juntos y se sostienen juntos, y si eso ocurre, puede ser que vuelvan a empezar juntos a pesar de los pesares.

Providencialmente, durante la revisión de este capítulo, he ido a dar una conferencia en Madrid sobre Constelaciones para sistemas empresariales. En el taxi, empiezo a conversar con el conductor, que me dice:

—Hoy es mi último día en este coche; mañana me

dan el nuevo, uno más grande para hacer transporte, adaptado a personas con discapacidades.

Yo me intereso por saber los motivos de este cambio:

—¿Es mejor negocio o más previsible?

Me contesta que conoce bien el tema porque tiene un hijo adolescente en esa situación y me explica que al nacer sufrió falta de oxígeno y padece graves limitaciones: tiene muy poca movilidad y no habla. Me cuenta que escribe en un ordenador a través de una tecnología que dirige el cursor a partir de la fijación de la atención de los ojos. Me maravilla el entusiasmo y el amor con que habla de su hijo. De repente, agrega:

—No lo cambiaría por tres sanos.

Le contesto que lo que dice de su hijo es muy bonito, y él prosigue:

—Es tan inocente y su amor es tan puro que en él todo es verdadero. Una gran bendición. Y para mí y para su madre cualquier sacrificio ni siquiera es sacrificio.

Me conmueve. Entonces le cuento que soy psicólogo, que mi trabajo a menudo consiste en trabajar sobre temas familiares y que a veces he visto que una situación como la de su hijo pone a prueba la fortaleza de los padres como pareja, por lo que es frecuente que se desunan o separen; o bien, al revés, cuando encuentran juntos un movimiento de humanidad, dolor compartido y aceptación, se hacen más fuertes. Él me mira por el retrovisor y contesta:

—Lo sé. Mi esposa y yo lo hemos logrado, pero no es fácil. Otros no lo consiguen. Lo veo en nuestra asociación, en la que nos encontramos con otros padres e hijos. Nosotros nos hemos hecho muy fuertes como pareja, y estoy contento.

Su testimonio, su visión amorosa y alegre, me llenan de inspiración para la conferencia que voy a impartir.

21

EL CORAZÓN TIEMBLA

La imagen interior de muchas personas no es tanto la de ser pareja como la de tener pareja. Y esto marca una diferencia de tono nada desdeñable en nuestra atmósfera interior y en nuestro movimiento hacia ella. Deberíamos preguntarnos si nos educamos y crecemos con la idea de ser pareja y cultivar en nosotros los valores de ser un verdadero compañero/a, o más bien pensamos en términos de llenar un vacío y de conseguir compañía con la perspectiva falaz, como ya vimos, de encontrar la felicidad o, al menos, de ser menos infelices. Para bien o para mal vivimos tiempos en los que el valor central es el «yo», que tiene mucho más peso que el «nosotros». Nunca como ahora el individuo (y lo individual) había sido tan importante, había gozado y padecido tanta libertad, había sido tan epicéntrico, tan nuclear y tan aparente señor de su propio destino. De hecho, quizá nunca como en los tiempos actuales la pareja haya respondido a los deseos personales tan por encima de los designios, necesidades y costumbres del grupo, como solía ser antaño. En la actualidad es frecuente que muchas parejas acaben su recorrido porque dejan de satisfacer al individuo y porque, ante situaciones difíciles y estresantes, sus miembros se inclinan hacia el yo y hacia su propio camino personal.

En otras culturas y en otros tiempos, la pareja había tenido un sentido más social. De hecho, la pareja formaba parte del espíritu del grupo, y no era tanto patrimonio de las personas que la configuraban como un patrimonio comunitario. La pareja estaba insertada en una sociedad significativa de sentido, de servicio y de sostén. Esto tenía ventajas e inconvenientes. Cuando la pareja estaba inmersa en una comunidad significativa, era más ligera y previsible, pues eran menores las expectativas que depositaban el uno en el otro, y solía desenvolverse por los cauces trazados en las normas sociales. Pero a nosotros nos ha tocado vivir una apabullante y maravillosa libertad, con sus gozos y sus sombras, y ocuparnos por nuestro destino personal y, a lo sumo, familiar, pero en menor medida comunitario, que queda un tanto desdibujado.

En suma, la pareja, la familia nuclear, no está en la actualidad contenida ni sostenida por redes sociales ricas, y esto genera tensiones muy grandes y dificultades para superar las grandes exigencias que se depositan en ella, así como los retos existenciales que visitan el itinerario vital de todas las relaciones amorosas. Estos retos pueden ser, como decía, una enfermedad grave de un hijo, una muerte, un vaivén económico, un cambio de país de residencia, la pérdida de uno de los padres, etcétera. Son sucesos que nos pueden afectar a todos y que cuesta mucho más afrontar sin ese apoyo, sin esa inserción social. Si la pareja no logra vivir unida ese tránsito emocional, queda herida internamente. El corazón tiembla en lo individual y se produce la ruptura, incluso aunque sigan juntos, pues una pareja puede estar rota en el alma aunque siga la relación. Y el corazón que no acepta dolerse, ser visto, ser escuchado, ser expresado, ser reconocido por otro u otros, sufre.

Nadie quiere sufrir, por supuesto, pero, si no aceptamos que en algún momento podemos sufrir, no habrá vínculo ni verdadera experiencia amorosa. Algunas personas no se vinculan a otras para evitar que les rompan el corazón, pero sin vínculo no hay amor ni vida. Además de mis estudios y de mi formación y experiencia profesionales, a la hora de acompañar a las personas en los talleres sobre asuntos de pareja, atesoro como recurso principal mi propia experiencia afectiva, pues en el camino de la pareja yo también he amado y he sufrido profundamente, y me he expuesto a estar vinculado de verdad, con todas sus bendiciones y también con sus desgarros, y a un dolor muy profundo cuando me ha tocado vivir separaciones y desencuentros. De modo que tengo a mi favor que he sabido amar y he sabido sufrir (eso creo, al menos). Así es el teatro de la vida: todas las relaciones de intimidad nos exponen al gozo y al sufrimiento. Y tenemos que estar de acuerdo con ambos aspectos.

Cuando el corazón tiembla, ayuda recordar que no estamos solos. Tal vez esta historia aporte un poco de esperanza:

Cuentan que una persona murió y, al llegar a las puertas del cielo, se encontró con Dios. Y Dios le dijo:

—Vamos a echar una ojeada a tu vida.

Entonces vieron, como en un despegable, toda la vida de la persona: los hechos significativos, el amor, el dolor, los encuentros, los desencuentros, las heridas, las dificultades, las alegrías, lo hecho, lo pendiente, etcétera. Cuando terminaron, la persona le dijo a Dios:

—Tengo que hacerte una pregunta. He observado que en algunos tramos del camino hay cuatro huellas, y eso me hace pensar que caminabas a mi lado. Pero, curiosamente, en los tramos más difíciles, en aquellos en que estaba caído, sufría profundamente o trataba de encarar problemas sin apenas fuerza, había únicamente dos huellas. Mi pregunta es: ¿por qué me dejaste solo en esos momentos?

A lo que Dios, sonriendo, contestó:

—Nunca te dejé solo. De hecho, en esos momentos te llevaba en brazos.

Las personas hacemos lo que podemos para manejar nuestros asuntos de la mejor manera posible, pero hay momentos en los que se necesita una entrega mayor, como si tuviéramos que aceptar la idea de que una sabiduría más grande se ocupa de las tramas de las cosas y que podemos confiarnos a ella, y que no estamos solos. Especialmente cuando todo se derrumba o reorientamos nuestra vida. Esto es algo que a veces nos alcanza en el cuerpo como un conocimiento ineludible que nos guía, aunque sea difícil de entender para nuestra mente y nuestra voluntad. En ocasiones, el cuerpo sabe, y nos encontramos con la necesidad de rendirnos a ese conocimiento, rendirnos ante lo que nos exige, ante lo que no fue posible, ante lo que se deseó mucho y no se obtuvo, ante lo que sí se obtuvo y luego se fue desprendiendo como consumido de nuestro corazón. Nos topamos al fin con la humildad, el aroma básico de la rendición y de una vida lograda aun con sus grietas (o gracias a ellas). Para bien o para mal, grandes pérdidas en un nivel son grandes ganancias en el plano del espíritu, o al revés, lo que parecen grandes ganancias en un nivel son grandes pérdidas en nuestra alma.

22

LA FELICIDAD PEQUEÑA Y LA FELICIDAD GRANDE

Imaginemos dos felicidades: una pequeña, terrenal, relativa, por algo en concreto, y otra grande, trascendente, absoluta, gratis y por nada. La felicidad pequeña es la más común, y pasamos la mayor parte del tiempo buscándola (y ahuyentando sus contrarios). Consiste en tratar de estar cerca de lo que queremos y alejados de lo que detestamos, en que se cumplan nuestros deseos y se neutralicen nuestros temores. Como decía Buda: «tener lo que deploras o no tener lo que quieres es sufrimiento».

La felicidad pequeña es aquella que sentimos cuando las cosas nos van bien, cuando tenemos buenos amigos, cuando somos queridos y queremos, cuando estamos insertados en un contexto donde somos apreciados y reconocidos y podemos apreciar y reconocer, cuando estamos gozosos con la pareja y disfrutamos de dulzura y riqueza afectiva, cuando nuestros hijos y seres queridos se desarrollan bien y la familia en general disfruta de bienestar y crecimiento; es decir, cuando las cosas marchan en la dirección que nos gusta. La gran felicidad es aquella que experimentamos cuando, a pesar de que las cosas no vayan bien, podemos sentir el soplo feliz de la vida. La felicidad grande es independiente de lo que sucede, de cómo nos va, se asienta en el ser y en el momento presente, y es por nada o porque sí, sin motivo alguno que la justifique.

Cualquier persona que ha vivido lo suficiente sabe que la vida trae cosas que no eliges, y que de la misma forma otras veces te complace y te trae cosas que deseas ardientemente. Que con nuestra voluntad conviven el azar, el misterio y la incertidumbre. Que la vida tiene sus propios propósitos, a veces extraños, casi incomprensibles, que van más allá de nuestros deseos personales. Por eso, nuestra vida como seres humanos consiste en procurar nuestra felicidad invirtiendo fuertemente en aquello que nos mueve, que queremos y deseamos, pero al mismo tiempo en desarrollar receptividad y sintonía con lo que la vida quiere, nos trae y exige, sea lo que sea.

A veces enferma un hijo, o se produce una muerte, o uno de los miembros de la pareja enferma o sufre un accidente, o atravesamos zozobras, dudas, confusiones, etcétera. La primera noble verdad de Buda es que el sufrimiento existe; no podemos negarlo porque la vida nos lo traerá con certeza en algún momento. Sin embargo, podemos sobrepasarlo un poco disminuyendo nuestra identificación con nuestros deseos y temores, que no dejan de ser artefactos del pensamiento, y aumentando nuestro reconocimiento de la naturaleza vacía y luminosa del Ser que, como un fuego, palpita en todos nosotros por igual.

Por tanto, la felicidad grande consiste en ponernos en sintonía con lo que la vida nos trae, aunque no encaje con nuestros deseos personales. Ponerse en sintonía significa llegar a aceptarlo, amarlo, aprovecharlo como nutriente, como mensajero de otra sabiduría mayor. A algunas personas la vida les trae un divorcio, una separación, una frustración en un proyecto amoroso, hijos deseados que no vienen, hijos no deseados que sí vienen, la reapertura de ciertas heridas, etcétera, y entonces se deben preguntar cómo ponerse en sintonía con lo que ocurre, no con lo que imaginan que debería ocurrir. ¿Cómo aprovechar la frustración y lo adverso? Esta felicidad grande en realidad hace a las personas más fuertes porque les exige encarar lo real, y confrontarse con los asuntos más difíciles y apasionantes de la vida, es decir, ganancias y pérdidas, creación y destrucción, sexualidad y muerte. La sexualidad y la muerte, como dos grandes puertas de entrada y salida con sus infatigables cancerberos, imponen el ritmo de sus propios tambores, y en su vivencia e integración ponemos en marcha nuestros más altos recursos y nuestra más plena humanidad. Además, estos asuntos, en caso de no ser resueltos e integrados en nuestra vida y en el sistema familiar, pueden generar implicaciones terribles, dinámicas problemáticas y guiones de vida desdichados.

En el trabajo de Constelaciones con parejas, los objetivos que se plantean se encaminan generalmente en dos direcciones. Por un lado, lograr un poco más de bienestar en la felicidad pequeña: armonizar y vivir más paz y alegría en nuestras relaciones, que nuestros afectos sean sólidos y fuertes. Por otro, desarrollar un poco más de orden en nuestros amores, en la geometría de nuestros vínculos. Ya hemos visto que cuando nuestros afectos y nuestros vínculos quedan ordenados tendemos a sentirnos mejor, y también hemos visto que orden significa que cada cual está en su lugar, que los posteriores no se inmiscuyen en los asuntos de los anteriores, que los hijos no se ocupan de los asuntos de sus padres o de sus abuelos, que renuncian a llevar cargas y asumir sacrificios por ellos con el deseo amoroso pero inútil de ayudarlos. A veces, esto resulta un arduo trabajo porque uno de los miembros de la pareja, o los dos, trata a toda costa de salvaguardar sus lealtades e implicaciones con la familia de origen, o con ciertos aspectos de la familia de origen, o conservar sus ataduras y sus implicaciones con parejas anteriores. Como ya hemos visto, el orden supone que ya no necesitamos mirar atrás y ocuparnos de los asuntos anteriores, y así tenemos toda nuestra energía disponible para mirar al lado, por ejemplo, a la pareja, y para mirar adelante, esto es, hacia nuestra proyección vital.

El segundo objetivo es orientar a las personas hacia la felicidad grande, que consiste en hacer espacio a lo difícil, a lo que la vida nos trae y no queremos, a las heridas que sufrimos de niños y que aún nos duelen, a la muerte temprana del padre, por ejemplo, a un divorcio que nuestra pareja eligió y que nosotros no queríamos, a un aborto que aún no hemos podido asimilar. Es decir, sintonizarlas con estas realidades de la vida para que recuperen su fuerza y sigan mirando hacia el futuro y hacia el bienestar, en lo posible. Para ello hay que salir de la mente racional y emocional, y tener un atisbo de la mente espiritual, cuya característica principal es su aconceptualidad, su contemplación y, en consecuencia, su no diferenciación en categorías, como por ejemplo «correcto» e «incorrecto», «merecido» o «inmerecido». La mente espiritual se alinea con lo que es en cada momento.

23

CANDIDATOS AL DOLOR

Al elegir un camino de amor nos hacemos candidatos al dolor. Cuando esto sucede, debemos abrirnos y aceptar la posibilidad de que en algún momento, algún día, quizá el amor nos duela; con el amor enriquecemos nuestra vida, la ampliamos, ganamos, pero en algún momento se retraerá de nuevo y perderemos. Todo tiene un límite, y algún día perderemos a la pareja y vendrá el dolor: con la muerte, con el divorcio, con el desencuentro... Sin apertura al dolor, no hay pareja, ni intimidad, ni vínculos significativos.

Cuando se produce una ruptura amorosa, lo más habitual es que se pongan en marcha muchas emociones y vivencias, algunas agradables, como liberación, sensación de esperanza o apertura, pero otras incómodas, como miedo, desestructuración, culpa, enojo, vergüenza, sensación de fracaso o pena. La mayor parte las consideramos negativas porque son difíciles de vivir y acoger, pero resultan imprescindibles para completar el proceso y salir fortalecidos. En el fondo, la más habitual y dura es el simple dolor por haber perdido al otro. Incluso en los casos en que se siente una gran liberación por salir de una situación insatisfactoria, si hubo una genuina conexión, tarde o temprano asoma el rostro del dolor por dejar lo conocido, lo que se amó, y la incertidumbre y el temor por enfrentarse a algo nuevo, más aún si la pareja tiene hijos y se derrumba su statu quo cotidiano. La vivencia del dolor es un ingrediente necesario para completar con éxito el proceso y llegar a ser capaz de crear un futuro.

Una simple mirada nos enseña que en el vivir todo es ruptura y metamorfosis, que todas las pérdidas empiezan ahora, enmarcadas en lo que tenemos, en aquello que hemos construido y ganado en nuestra vida. Constantemente estamos despidiendo algo del pasado y abriendo paso a algo del futuro. Despedimos el acogedor vientre materno para salir a la luz de la vida; al llegar a la adolescencia, dejamos atrás al niño que fuimos y el entorno protector de los padres; dejamos al joven impetuoso para adquirir compromisos y responsabilidades en la vida, para ser padres quizá, para ganarnos el sustento, para cuidar nuestro entorno y ser laboriosos; al declinar nuestra vida, gozamos de mayor libertad y desapego y volvemos a sentir con fuerza la conexión con lo esencial; y al final de un largo camino nos enfrentamos al tránsito definitivo de perder la vida. De manera que vivir nos obliga al ejercicio constante de saber abrir y saber cerrar, empezar y terminar, expandir y contraer, ganar y perder, ampliar y reducir, amar y sufrir. Es el gran juego del alma, que también tiene lugar en nuestro cuerpo: a cada inspiración en que tomamos el aliento necesario, la sigue la espiración en la que nos despedimos del viejo oxígeno que ya ha cumplido su función; a cada sístole la sigue su diástole, en un latir ininterrumpido en que la vida canta su mantra más sutilmente sonoro: tomar y soltar, tomar y soltar, tomar y soltar. Al final, incluso soltar nuestra propia vida. Es feliz y exitoso aquel que sabe ponerse en sintonía con las dos fuerzas de la vida: la de expansión y la de retracción, la del ganar y la del perder. En toda vida encontramos pérdida y desamor, pero también la dicha de la unión, el vínculo y el amor que los precedieron.

Abrirse al amor en la pareja también significa hacerse candidatos al dolor. Abrimos nuestro corazón cuando podemos asumir y estar de acuerdo con que tal vez nos dolerá. De hecho, en el amor esperamos que el otro nos tratará bien, cumplirá sus compromisos y deseará nuestra dicha, pero también debemos saber que no somos niños indefensos y que nos hacemos más grandes y sabios cuando aprendemos que el otro, a pesar del amor y de la confianza, también puede errar y nos puede traicionar, y que la verdadera confianza asiente ante esta posibilidad y sus consecuencias en lugar de invertir en férreos e indignos controles.

Si al fin deviene la traición, el desamor o la ruptura inesperada, se pone a prueba nuestra estima, que consiste en saber que podremos con ello, que lo superaremos, fortalecidos y con el corazón abierto, y que estamos preparados para afrontar los retos emocionales que se nos presenten en el trayecto que ha de conducirnos hacia nuevos y felices vínculos. Además, cuando hemos sido heridos, ya no tiene sentido seguir protegiéndose. Nuestra capacidad de valorarnos a nosotros mismos, de seguir queriéndonos, se pone a prueba cuando vivimos el fracaso de una relación o nuestra pareja nos dice que no quiere continuar viviendo con nosotros o deja de elegirnos. Ahí aparecen todos los fantasmas: que ya no servimos, que no encontraremos otra pareja nunca más, que nadie nos va a querer, que moriremos, etcétera. En esos momentos ayuda saber que tenemos un valor independientemente de que el otro nos valore o no; que tenemos valor para otras personas por nosotros mismos, por el solo hecho de existir. Y, sobre todo, saber que conservamos intacta nuestra capacidad de amar y que, con el tiempo, esa capacidad encontrará un nuevo cauce en otra u otras personas.

24

PUEDO VIVIR SIN TI

En el mundo de la pareja, tarde o temprano aprendemos, para bien y para mal, y unos más fácilmente que otros, que en contra de lo que tal vez un día sentimos, sí podemos vivir sin el otro. Es más, que lo sano es poder vivir sin el otro, sin cargar sobre sus espaldas la responsabilidad de nuestra vida y sin que el otro cargue sobre las nuestras la responsabilidad de la suya.

Fritz Perls, creador de la terapia Gestalt, consciente del sufrimiento que ocasionaba a las personas su esclavitud a ideas ajenas, fue un apóstol del yo y de sus límites, del completo respeto a los deseos y necesidades propias, de la identidad rabiosa, de sostenerse sobre los propios pies y asumir la plena responsabilidad personal. Como rúbrica de su pensamiento, escribió su célebre oración gestáltica:

> Yo soy yo y tú eres tú.
> No estoy en el mundo para colmar tus expectativas,
> ni tú estás en el mundo para colmar las mías.
> Yo estoy para ser yo mismo/a y vivir mi vida,
> tú estás para ser tú mismo/a y vivir tu vida.
> Si nos encontramos, será hermoso.
> Si no nos encontramos, no habrá nada que hacer.

Primero, según Perls, se trata de lograr un yo fuerte, capaz de tomar sus decisiones, capaz de decir sí y de decir no, y consciente de sus necesidades y deseos, pero también capaz de sostenerse en sí mismo y poner límites, de reconocer sus verdades y desafiar sus máscaras, y de adaptarse creativamente a su entorno sin falsificarse.

Ya hemos visto que al ir hacia la pareja nos despedimos de la infancia. Y que lo ideal es poder mirar a la pareja y decirle: «Te quiero mucho, te elijo, pero sin ti también me iría bien». Pues bien, sólo pueden decir esto los que tomaron a sus padres, porque los que tomaron a sus padres se sienten más plenos y adultos, y pueden mirar a la pareja como a un igual. A veces explico jocosamente en mis talleres que la prueba de que nuestra pareja funciona consiste en mirar al otro a los ojos e imaginar que le decimos algo tan poco romántico como «sin ti también sería feliz, sin ti también habría vida para mí», para agregar a continuación: «pero te elijo a ti para vivir porque me encanta que seas tú». Es una barbaridad hacerle sentir a nuestra pareja que sin ella ya no habría vida para nosotros. A veces, me encuentro en mis talleres con que alguien me dice que su pareja amenaza con quitarse la vida si la dejan. Más que una entrañable expresión de amor parece su contrario, un chantaje indigno. Qué carga tan pesada sostener en las propias manos la vida de otra persona, excepto si uno alimenta erróneamente su estima en la dependencia de otros. Tarde o temprano, esas personas tendrán que separarse de aquellas que se empecinan en tan desesperada dependencia vital. ¿Existe ya pareja en esas condiciones? Ya no; y lo que dure la relación será imprevisible pero no feliz, a menos que quien se siente tan dependiente se responsabilice de sí mismo y trabaje para moderar su excesiva demanda.

Aunque suene paradójico, es bueno que en el fondo las personas sepan que sin el otro también les iría bien. Me parece una manera fantástica de lograr una especie de antídoto contra la dependencia y el infantilismo en el amor. Cuando experimentamos un «sin ti no podría vivir», nos comportamos como niños, pues miramos al otro como si fuera nuestra madre o nuestro padre. Y esto, en la pareja, puede aguantarse cuando es leve, pero si es excesivo no puede funcionar: una pareja se fundamenta en la sexualidad y en la igualdad de rango, como hemos visto, y no tiene nada que ver con una relación materno-paternofilial. Una pareja es una relación contractual y condicional. La relación incondicional se da entre padres e hijos, pero no entre adultos.

Cuando un vínculo es fuerte y profundo y lo perdemos, es muy posible que pasemos por una fase en la que sentimos una fuerte necesidad del otro que compromete a veces nuestro deseo y nuestra confianza en la vida, surcada por una profunda desesperación. Pero se trata únicamente de una fase que debemos sostener y transitar y que, por lo general, desemboca en un buen futuro. La alegría y el deseo de vivir acaban siempre regresando de forma natural. Algo distinto ocurre cuando, ante una separación, por ejemplo, o un desamor, la persona cae enferma o empieza a comportarse de un modo autodestructivo o violento con los demás o con la pareja o expareja. Detrás de ello está claro que actúa un poderoso impulso infantil que se hace eco de desamparos o inseguridades vividas en la infancia y que convendrá revisar y resolver para recuperar la propia autonomía. Como ya hemos visto, la pareja feliz empieza por restaurar el amor a nuestros padres y orígenes, tomar lo que viene de ellos con respeto y honor, aprovecharlo al servicio de nuestra felicidad, ganar libertad interior y saber necesitar lo que necesitamos del otro permaneciendo plantados en nuestros propios pies, viviendo una vida con sentido.

La prueba de que un proceso de separación ha concluido es que estamos de nuevo disponibles para otro vínculo importante, para construir de nuevo. Es sabido que se construye mal sobre las cenizas y los escombros y que, al contrario, se edifica bien sobre aprendizajes anteriores, sobre la integración nutritiva de nuestro pasado, sea el que sea. Por eso es tan importante aceptar nuestra historia afectiva. ¿Cómo se hace esto? Pues atravesando un proceso emocional arduo, amándolo todo tal como fue, tal como ocurrió, e incluyendo lo difícil y desdichado que nos tocó vivir, porque de esta manera, amándolo, lo negativo se evapora y lo positivo se queda impregnado en nuestro corazón. Son las poderosas alquimias del amor.

Para ello, debemos evitar caer en posiciones débiles, como el victimismo o el resentimiento, de las que algunas personas abusan en lugar de responsabilizarse de sus asuntos. Son posiciones que en el fondo los mantienen atados al pasado. Una frase célebre y enigmática de Hellinger dice: «Sufrir es más fácil que actuar». Ciertamente, algunas posiciones de sufrimiento son manipulativas, tratamos de sacarles provecho o creemos equivocadamente que nos conceden derechos. Y es que el sufrimiento es una elección, es negarse a vivir el dolor y todo lo que hacemos para defendernos de él. He visto a muchas personas hundirse en agujeros negros (no me refiero a genuino dolor, sino a posiciones manipulativas) y atraer a otras personas para que las salvaran (muchos salvadores, por cierto, terminan en el agujero negro). Pero a veces he visto lo siguiente: la persona está cayendo en el agujero negro y todo el mundo se va a tomar un café, y, cuando regresan, la persona ya ha salido. Y es que los agujeros negros son más interesantes con público y con potenciales aliados.

De igual modo que estamos programados para vincularnos con los demás sintiendo placer y expansión, también están en nuestra naturaleza los mecanismos y recursos para el proceso de despegarse de una persona. El duelo produce retracción en lugar de expansión, y rabia, pena, culpa y estrés en lugar de placer. Hasta que culmina en la alegría, que regresa al final de un aciago túnel.

Cuando pasamos por una ruptura, iniciamos un proceso de duelo en el que previsiblemente pasaremos por diferentes estados o etapas. En un primer momento, podemos caer en un estado de *shock*, sentir incredulidad o negar la situación con la vana esperanza de que no esté sucediendo. O quedarnos insensibles, como congelados, sin poder sentir nada. Si hace tiempo que pensamos en la ruptura, y la venimos masticando en nuestro interior, no sufriremos mucho en esta etapa, y aceptaremos la situación sin dificultad. Pero, si nos pilla por sorpresa, durante unos días, o a veces unos meses, nos costará creer lo que ha ocurrido o nos diremos cosas como: «es pasajero, seguro que volveremos», «no ha cambiado nada, pues al fin y al cabo siempre he estado solo», «esto a mí no me afecta, voy a poder con ello», etcétera. Son maneras de no aceptar el cambio que supone perder a una pareja y, sobre todo, de no aceptar el dolor y la desestructuración que ello conlleva. Esta fase puede durar más o menos tiempo, aunque normalmente es corta y se acaba imponiendo la evidencia de la realidad.

En etapas posteriores sentiremos, como en oleadas, un dolor profundo, más o menos desesperado, durante el cual podemos pensar que sin el otro no somos nada, que no podemos seguir nuestra vida sin él. Sentir ese dolor también es necesario para poder desvincularnos. Es preciso elaborar con claridad el desgarro que produce la ausencia y lo que hemos perdido en la ruptura para soltarlo e ir recuperando nuestra individualidad. El dolor será más grande en la medida en que sintamos que nosotros no queríamos esa ruptura o pérdida; por ello, el dolor se acentúa en especial en casos de muerte de la pareja, ante el vértigo de saber que no la volveremos a ver. También resulta más difícil cuando somos los «dejados», pues debemos enfrentarnos a la frustración de que las cosas no son como quisiéramos.

En los momentos de más desesperación es muy habitual caer en la tentación de buscar culpables o culparnos. Llegamos a olvidar todo el amor que nos unió y vemos sólo lo malo que tiene el otro o lo mal que actuamos nosotros. Analizar y aprender de lo ocurrido es bueno para seguir creciendo y afinando en la vida, pero juzgar, culpar y criticar al otro (o a nosotros mismos) durante mucho tiempo sólo acentúa el sufrimiento. En general, son intentos de hacer más soportable el dolor, pero con el tiempo deben perder intensidad.

También es normal atravesar momentos de intenso enfado y rabia. El cuerpo necesita entrar en erupción para gritar y sacar el enorme malestar si es preciso. La rabia es producto de la frustración de las ilusiones y los proyectos comunes, de las expectativas de vida, de un corazón llagado y roto. Es una manera de rebelarse contra lo ocurrido y mostrar nuestro desacuerdo. También es una manera orgánica de rebelarnos ante lo que nos ha dañado. En el caso de que nuestra pareja haya muerto, es importante que mostremos nuestro enfado con el destino, con el mundo, incluso con la propia pareja por haberse ido. Aunque esto no cambie la situación, expresar nuestras emociones puede ayudarnos. A veces no nos permitimos la expresión de ese enfado porque nos sentimos culpables por enojarnos con el otro, pero, cuando actuamos así, no dejamos que el duelo siga su curso y, por tanto, no nos podemos despegar de esa persona. Debemos saber que ninguna emoción en sí misma es peligrosa, tampoco la rabia. Lo disfuncional es quedarse anclado mucho tiempo en alguna de ellas. En verdad, la cualidad fundamental de los sentimientos es ir y venir. Si un sentimiento dura mucho tiempo, ya no es tal, sino más bien una posición que hemos adoptado para protegernos.

Para salir del enfado y la rabia es necesario rendirse, aceptar la situación, la ruptura y el dolor de la pérdida. Al final, si somos capaces de sostener el dolor nos mantendremos en el amor, ya que dolor y amor son dos caras de la misma moneda. Permanecer conscientemente en el dolor es una forma de superarlo y de traspasarlo. En nuestra cultura, el dolor tiene mala prensa porque creemos que nos puede llevar a la depresión, pero es más bien al revés: nos deprimimos porque detenemos el flujo espontáneo de nuestros sentimientos o pretendemos pasar por alto lo que duele.

25

LA BUENA RUPTURA

Para poder superar una ruptura es importante expresar aquello que no hemos dicho a lo largo de la relación, aquello relevante que quedó atascado, y que tal vez intoxicó el aire y nutrió los desencuentros. Si es posible hacerlo directamente con la otra persona delante, mucho mejor; si no es posible por cualquier motivo, por ejemplo porque creemos que puede empeorar las cosas, o porque se deben establecer límites precisos, podemos escribir todo lo pendiente e imaginar a la otra persona en una silla vacía frente a la nuestra y decírselo. Me parece una regla útil en la vida la de poner atención para que las cosas no se pudran adentro y no vivamos rodeados de asuntos pendientes y reconcomios que se comen nuestra atención y energía. Como recomienda la terapia Gestalt, es mejor expresar lo inexpresado, decir lo no dicho, vivir lo no vivido, procesar lo no procesado, cerrar lo no cerrado, y que nuestras venas relacionales estén bien ventiladas. De este modo, la energía queda libre del pasado y se orienta al futuro, y el presente estricto se vuelve asombrosamente más presente.

Por otro lado, es también crucial agradecer todo lo que nos ha dado la otra persona y todo lo que hemos podido vivir a su lado. A algunas personas les va bien hacer una lista de las cosas concretas que pueden agradecer. Aceptar lo que nos ha dado el otro y decir gracias nos pone en disposición de valorar lo recibido y desde ahí poder superar la ruptura, porque la gratitud mitiga el victimismo y el resentimiento. Cuando podemos ver lo que nos ha aportado una relación y lo que hemos aprendido en ella, estamos en disposición de cerrarla y abrirnos a lo que esté por venir. De hecho, un proceso de ruptura concluye cuando…

… podemos mirar atrás con paz y alegría;
… logramos apreciar y agradecer lo que vivimos y aprendimos en nuestra anterior relación;
… le damos internamente las gracias a nuestra expareja por lo que fue posible y lo que nos aportó;
… podemos darle el reconocimiento que merece como una relación importante para nuestra vida;
… reconocemos el amor que hubo y lo guardamos como un regalo;
… somos capaces de dejar libre al otro y desearle lo mejor, y hacernos nosotros libres y también desearnos lo mejor;
… alojamos al otro en el lugar interior de los vínculos significativos en nuestra alma y pasa a formar parte de la narrativa que configura y da sentido a nuestra vida.

En definitiva, el gran reto para todos consiste en aprender a amar lo imperfecto de la vida, de nosotros y de los demás, y volvernos compasivos. Cuando esto es posible, ponemos nuestros errores al servicio de la vida y de un camino feliz, sea en pareja o no.

Ser capaz de algo así es doblemente importante en el momento actual, pues vivimos tiempos caóticos y creativos, originales e inciertos, turbulentos y esperanzados para el amor en las parejas. La ventaja es que podemos ser creativos con el tipo de relación que queremos; el inconveniente, que nos podemos perder con tantas opciones y al final no saber qué tipo de relación queremos establecer. No es así en todas las culturas ni en todos los países, es cierto, pero sí en la cultura occidental de forma general.

Algunos estudiosos han acuñado el concepto de «monogamia secuencial», que viene a anunciar lo que todos ya percibimos (unos con cierto alivio, otros con añoranza): el funeral de la pareja «para toda la vida». Monogamia secuencial significa que, hoy por hoy, las personas tenemos estadísticamente muchas probabilidades de tener dos, tres o más parejas de cierta duración a lo largo de la vida, con la consiguiente complejidad de formatos familiares y de convivencia y, sobre todo, con un alto precio en estrés emocional, afectivo y vincular. Nunca como ahora nos habíamos enfrentado de forma masiva a tantas exigencias emocionales y tránsitos dolorosos. Amarse, unirse, vincularse, crear, separarse, desprenderse, volver a empezar... son cualquier cosa menos trámites frívolos: golpean las cuerdas que más intensamente vibran en nuestras almas, las del amor y el desamor.

Dice el filósofo Zygmunt Bauman que en nuestra época la idea de que el amor es eterno ha desaparecido, así que los requisitos para el amor se han simplificado, y el conjunto de experiencias definidas con el término «amor» se ha ampliado extraordinariamente. El problema, añade, es que cuando la calidad y profundidad de una relación no nos dan sostén, tendemos a buscar el remedio en la cantidad. A veces, incluso llegamos a pensar que el amor se puede aprender a partir de la experiencia y del ejercicio amoroso, que la capacidad amorosa crecerá con la acumulación de ejercicio y que, por tanto, la próxima relación será la buena. Bauman describe este proceso como un círculo vicioso en el que las personas quieren estar en el «mercado de las relaciones» pero, al mismo tiempo, anhelan amar profundamente a alguien. Sin embargo, amar profundamente significa comprometerse, y el compromiso impide estar en el mercado de las relaciones, donde nos resulta tan importante cotizarnos para (he aquí la paradoja) alcanzar el anhelado objetivo de relacionarnos.

Son, en cualquier caso, tiempos presididos por la libertad individual. Los designios individuales priman sobre los comunitarios. De hecho, en las sociedades tecnológicas se desdibuja el sentido de lo colectivo y de lo trascendente y las personas se refugian en un rabioso norte autorreferencial. En la actualidad, las personas nos sentimos sin esfuerzo el centro del universo, y la presencia de las dificultades que la vida trae nos empuja a salvar el propio barco, el yo tan preciado, olvidando el marco grande del nosotros, del destino común. Así ocurre también en la pareja, que ha perdido sentido comunitario y, en general, ya no se encuentra insertada ni apoyada por una comunidad significativa, ya sea familiar o de convivencia. Por tanto, cuando rugen los conflictos y los desacuerdos, cuando surgen las desavenencias, cuando los hijos ponen a prueba la fortaleza de la pareja, cuando las incertezas económicas o los problemas de salud golpean, cuando los estilos afectivos aprendidos en la infancia colisionan, no encontramos espacios de apoyo, sosiego y alivio en otros y en la comunidad. Y ante la tensión, la frustración y el dolor, nos volvemos de nuevo hacia el yo, nos dirigimos hacia el único refugio seguro: nosotros mismos en lo individual, en un proceso siempre difícil y doloroso (¿cómo soltar aquello en lo que pusimos tanto?, ¿cómo replegar el corazón cuando fue tan expansivo?).

En la mayoría de las culturas, el vínculo de la pareja, especialmente de la pareja convertida en padre y madre, tenía antaño un valor sagrado, reverente, de culto y servicio a la vida. La pareja era vista como la realización en el amor y en la sexualidad, y estaba al servicio de la comunidad y de la vida. Pero ya no es así, de manera que se está perdiendo el sentido de lo sublime y lo misterioso en el vínculo de la pareja. Ante la inseguridad de los modelos, la tentación es ceder a una materialización de los vínculos, de manera que el otro puede llegar a ser visto como un bien de consumo, efímero y fungible. La salida cómoda es despojar de alma a lo humano.

En cualquier caso, la flexibilidad actual de la pareja nos da la posibilidad de tener varias relaciones en la vida y de poder experimentar con cada persona diferentes tipos de relación y de crecimiento. Para ello, sin embargo, también es necesario poder dar un buen lugar a todas las relaciones, reconocerlas como tales y agradecer lo que cada una nos ha aportado.

26

CERRAR BIEN LAS RELACIONES

Como decía, el principal indicador de que una relación anterior está bien cerrada es que uno es capaz de estar feliz en una relación posterior. Y, en sentido contrario, el principal síntoma de que una relación no está bien cerrada es que uno todavía no puede establecer otra dirección ni implicarse en otra historia con fuerza y con sentido. O sea, que buena parte de la energía todavía está en asuntos del pasado.

Es obvio que el proceso de separarse y reponerse necesita tiempo, pero no un tiempo perpetuo. En un taller en México, una mujer afirmó que ella amaba más a su exmarido que él a ella, ya que después de quince años de separación ella aún no había tenido otra relación y lo recordaba, y en cambio él había iniciado otra relación al cabo de dos años. A mí me pareció que no se trataba tanto de amor como de propaganda, y que su trasfondo era más de venganza que otra cosa, como si en su fuero interno le dijera a su expareja algo así como: «por tu culpa aún no reconstruyo mi vida», o «me mantengo atada a ti, esperándote», o «permaneciendo sola, no te suelto, no te dejo libre». Cuando logramos abrirnos a otra relación, también hacemos sentir al otro con más fuerza su propia libertad.

Muchas veces, cuando trabajo con parejas, se manifiestan las ataduras hacia relaciones anteriores y la atracción por lo que quedó incompleto o fallido; surge entonces la necesidad de averiguar cómo, por qué y para qué parte de la energía de una persona se orienta hacia parejas anteriores, y cómo resolverlo. El vínculo con las parejas anteriores necesita ser despedido, dejado atrás, para que otra pareja o un camino propio puedan materializarse con renovada fuerza. ¿Cómo se cierra bien el pasado? Primero, como ya he dicho, entregándonos al dolor, abriéndonos al dolor de la herida, de la decepción y de la frustración. Y, durante un tiempo, viviendo la turbulencia emocional que toque, la culpa, o la tristeza, o el enfado, o la sensación de fracaso o desesperación o miedo. Nos visitarán muchísimos sentimientos que, como huéspedes, permanecerán un tiempo con nosotros y después se irán, y luego volverán con menos fuerza y se irán de nuevo, cada vez más diluidos, y cuando se vayan casi por completo, notaremos que se abre de nuevo en nuestro pecho un espacio para el amor.

Por otra parte, cerrar bien significa cerrar con amor, con amor a lo que hemos vivido y con amor hacia la persona, aunque desde otra posición. Porque sobre el amor de lo que hemos vivido antes podemos construir un edificio fuerte. Hay personas que pretenden cerrar el pasado con mucho resentimiento, con mucha amargura, con mucha acritud. Y entonces tratan de construir un edificio sobre cenizas y ruinas, y ese edificio siempre es débil.

Una segunda (o tercera o cuarta) relación se debe construir sobre el amor de la anterior, sobre lo bueno de la anterior, dignificándola, por así decirlo. Hay personas que buscan una segunda relación y dicen: «La anterior fue un desastre, ésta será la buena», o descalifican a la persona anterior y piensan que la siguiente será mejor, el mirlo blanco esperado. Y entonces no funciona, o funciona un tiempo con fuerza, ya que la oposición a algo da al principio una fuerza especial, pero después se debilita y es muy probable que tampoco prospere. Sobre el rechazo no se construye bien, porque lo que rechazamos siempre está detrás de nosotros persiguiéndonos, reclamándonos energía. Edificamos mejor cuando tenemos buenos cimientos y cuando podemos reconocer el amor que hubo en lo anterior y sus límites, y rendirnos a esos límites.

Es importante otorgar un buen lugar a las parejas anteriores, integrar y cerrar el pasado tomándolo con amor, con lo que fue posible y con lo que no fue posible. Resulta muy peligroso utilizar nuestras heridas para justificar que ya no caminamos hacia la vida y hacia lo bueno. Muchos hombres y mujeres se apoyan en las heridas que les causaron parejas anteriores para decir no a un nuevo amor. Pero cada mañana podemos levantarnos y decir: «Sí, camino hacia la vida, camino hacia mi felicidad». O: «Pongo bálsamo en mis heridas en lugar concederles el lugar del tirano». O también: «Puesto que he sido herido y he podido superarlo, no necesito nuevas armaduras, puedo abrir más fácilmente mi corazón». A lo único que debemos renunciar es a sacarle partido a nuestro sufrimiento. Caminar hacia la vida es una decisión que requiere fuerza para dejar atrás nuestro dolor; requiere renunciar a los beneficios que obtenemos de nuestras heridas.

La pareja gana fuerza cuando las parejas anteriores, y nuestra historia amorosa en su conjunto, pueden ser integradas; cuando lo que hemos creado entre dos tiene más peso y más fuerza que nuestras parejas pasadas y nuestras familias de origen; cuando agradecemos a nuestras parejas anteriores y a nuestras familias que hicieran posible nuestra realización amorosa. El protagonista de una historia de Jorge Bucay explica: «Fui a comprar un final feliz, y busqué y busqué, pero no lo pude encontrar, y viendo que no lo podía encontrar preferí invertir en un nuevo comienzo». Y es que, cuando un amor se va, deja espacio para otro nuevo, y muchas personas que se sintieron heridas y vulnerables renuevan su esperanza en un camino de amor e invierten en un nuevo comienzo. Aunque no se logre un final anterior feliz (un final es más a menudo traumático, doloroso y frustrante), puede edificarse sobre el respeto y la gratitud a lo anterior, la integración de las heridas, los límites necesarios para canalizar los desacuerdos, especialmente cuando hay hijos, y la despedida en el dolor y el amor. Lo nuevo se construye sobre lo viejo cuando lo viejo no son ruinas y cadáveres, sino buenos cimientos de amor, respeto y gratitud. Por tanto, una relación concluye sanamente cuando, con el tiempo necesario, en el interior vuelve a fluir el amor desde otro lugar y en el exterior quedan claros los límites.

27

NUEVAS FAMILIAS, NUEVAS DINÁMICAS

El árbol de la vida sigue su proceso, y posteriores parejas dan lugar a menudo a nuevas familias, y las nuevas familias comportan nuevas dinámicas y retos que hay que saber gestionar para que la pareja perdure amorosamente. Por ejemplo, cuando ocupamos el lugar que otras personas tuvieron antes en el corazón y la vida de nuestra pareja, es útil que desarrollemos sentimientos de respeto y reconocimiento hacia esas personas, ya que tenemos el lugar porque ellos dejaron de tenerlo, y conviene que evitemos la competencia, los celos o la lucha, incluso que no nos aliemos con nuestra pareja en su contra. Algunas personas hacen pivotar la nueva relación en torno al enemigo común que supone el excompañero, sin darse cuenta de que acaban por hacerlo tan presente que no logran despedirlo. Entonces, como ya he explicado, en la pareja hay tres y no funciona bien.

En las familias reconstituidas se producen muchos conflictos por no tener claro el papel, el lugar o las prioridades de cada uno. Cuando hay hijos, es preciso ser especialmente cuidadoso.

Una cosa importante a tener en cuenta es que los hijos de parejas anteriores tienen prioridad sobre la pareja posterior por el hecho tan simple y de común sentido de que llegaron antes. Es decir, la antigüedad cuenta. La mayoría de las personas se preocupan espontáneamente por el bienestar de los hijos anteriores de su pareja, y sobre todo no pretenden tener preeminencia sobre ellos, ni ceden a los celos, las envidias o las comparaciones. Y los que tienen hijos no se arriesgan a menos que perciban que la nueva pareja es respetuosa y considerada con ellos. La prioridad de los hijos anteriores también significa que el padre o la madre les puede hacer un espacio especial, y su nueva pareja lo debe respetar. Es importante que tengan espacios propios con ellos, con independencia de la nueva pareja. Cuando esto ocurre, los hijos se tranquilizan y se insertan bien en la nueva estructura. Sin embargo, si la nueva pareja entra en competencia con los hijos de una relación anterior o pretende ser el primero, de alguna manera pierde al otro, lo aleja, o tensa la relación. Imaginemos la acrobacia que supone para una persona integrar hijos y nueva pareja, máxime si ésta entra en competencia con aquéllos. Aquí sigue valiendo la máxima de que lo nuevo se construye con fuerza sobre el respeto y la valoración de lo anterior. También es cierto que algunos padres colocan a algunos hijos en un lugar demasiado importante y especial respecto a sus parejas, y esto dificulta el papel de los hijos —que no necesitan en absoluto un lugar especial— y de la nueva pareja —que difícilmente encuentra su ubicación natural.

Por otra parte, un nuevo compañero no puede suplantar al padre o madre real ni debe pretenderlo. Si lo hace, pierde la confianza del hijo, que será leal, más o menos abiertamente, a su verdadero padre o madre. Por supuesto que puede y debe ser una figura de autoridad y de cuidado, pero por el hecho de ser adulto, no por el hecho de ser padre o madre. Si se respeta esto, un hijo puede sacar partido de la presencia benéfica de una nueva pareja del padre o de la madre y tener con esa persona un vínculo de confianza y cariño, además de considerarla un modelo de aprendizaje. Es común que los hijos se beneficien de una pareja posterior porque ésta enriquece su mundo, porque les aporta algo bueno, pero siempre hay que tener presente que la pareja posterior no es responsable de su educación ni de sus gastos y manutención. Puede ayudar si elige hacerlo, pero no tiene que hacerlo. Es responsable, como persona adulta, de educar, respetar, ordenar y ejercer su parte de autoridad en la convivencia, pero sólo en lo que la compete. Ésta es su aportación.

Incluso en los casos de adopción, la nueva familia es para el hijo una familia reconstituida, y es crucial que los padres adoptivos entiendan que tienen a su hijo gracias a los biológicos y les agradezcan el vínculo que pueden crear con él. También ayuda que sientan que lo acompañan en la vida en su lugar, incluso en su nombre, ya que ellos no pudieron. No ayuda mucho sentirse arrogantemente superior a los padres biológicos. Recuerdo a unos padres adoptivos que sufrían y no entendían la drogadicción de su hija de veintitrés años, a la que habían adoptado cuando tenía siete, con lo buenos padres que habían sido... En la constelación se evidenció con nitidez que la hija seguía lealmente a su madre biológica, alcohólica y prostituta, y lo importante que era para ella que sus padres adoptivos reconocieran el valor de su madre biológica y le dieran un buen lugar en su corazón (la hija lo hacía imitando su comportamiento).

En cualquier caso, los nuevos vínculos creados entre hijos de parejas anteriores y nuevas parejas requieren tiempo y mucho respeto. Y hay que tener presente que el amor no se puede forzar, sino que crece espontáneamente cuando cada persona se encuentra en el lugar que le corresponde. Hay un orden, y se debe respetar. Los hijos de relaciones anteriores estaban antes, por tanto tienen prioridad con respecto a la nueva pareja. Pero no sucede lo mismo con los nuevos hijos habidos de la nueva pareja, que llegaron después y por tanto no tienen prioridad sobre la pareja. En este caso podemos preguntarnos: ¿cómo se siente un hijo cuando, por ejemplo, percibe que es más importante para la madre que el padre, o al revés? Puede parecer complicado, pero en la práctica es muy simple: los hijos se sienten mejor y más libres y se desarrollan con menos problemas cuando los padres están en su lugar de pareja o de padres frente a ellos.

Volviendo a la familia reconstituida, la nueva pareja está formada por dos adultos que, como tales, tienen una relación de responsabilidad y autoridad con los hijos, aunque la autoridad principal la tiene su padre o su madre. Los hijos que vienen de otra relación podrán respetar a la nueva pareja de la madre o del padre si esta persona reconoce su prioridad y está de acuerdo con que tengan un espacio propio con su madre o con su padre. No estoy diciendo un espacio muy grande, porque eso supondría una complicación en lo doméstico y en lo cotidiano, pero sí un espacio propio, por pequeño que sea. Puede ser sólo un domingo al mes, o unas horas de vez en cuando, o alguna actividad en exclusiva, pero es importante que los hijos sientan que tienen ese espacio prioritario, porque en el fondo saben que la nueva familia no es estrictamente su familia, que no lo es plenamente. Cuando tienen ese espacio se sienten confiados y están de acuerdo en insertarse poco a poco en la nueva estructura.

28

LOS PADRES NO SE SEPARAN

Para los hijos, sus padres siguen siempre juntos como padres. Se separan como pareja, a veces incluso mientras viven bajo el mismo techo, pero no se separan como padres. Por eso, cuando hay hijos, es especialmente importante cerrar con atención y cuidado las relaciones anteriores. Uno de los grandes anhelos de los hijos es tener a ambos padres juntos en su corazón, no importa lo que hicieran o lo que pasara, sin tener que tomar partido por uno de los dos o alinearse con uno en contra del otro (como por desgracia ocurre frecuentemente, con penosas consecuencias).

Hay frases o mensajes de los padres, explícitos o implícitos, que dañan terriblemente a sus vástagos: «hijo/a, no quieras a tu padre/madre, desprécialo/a como yo y, sobre todo, no seas como él/ella»; o «hijo/a, no logro entender cómo pude querer a tu padre/madre, tú eres mejor que él/ella». Aunque no se verbalicen, estos y otros pensamientos parecidos a veces son verdades interiores para los padres y nutren la atmósfera familiar de dinámicas fatales para la tríada relacional más importante de nuestra vida, la tríada padre-madre-hijo.

Hay que evitar herir al otro progenitor delante de nuestros hijos, eso es obvio, por muy enojados o cargados de razones que estemos, pero el gran reto va más allá: consiste en trabajar en uno mismo para restaurar el amor y el respeto, y darle al otro progenitor el mejor lugar frente a nuestros hijos, incluso cuando se trata de una pareja infeliz o de una separación dolorosa y turbulenta. Recordemos que los hijos no atienden tanto a lo que los padres dicen, sino a lo que los padres sienten y hacen. La verdad de nuestros sentimientos puede ser negada o camuflada, pero no puede ser eliminada, y por tanto actúa y se manifiesta en nuestro cuerpo. Es importante que trabajemos con nuestra verdad y, si genera sufrimiento en nosotros o en nuestros hijos, que tratemos de transformarla. Para el futuro de los hijos, es clave que estén bien insertados en el amor de sus padres y que éstos logren amarse, al menos como padres de sus hijos. No es algo tan raro si pensamos que, en la mayoría de los casos, un día se eligieron y se quisieron como pareja, y los hijos llegaron como fruto y consecuencia de esa elección y ese amor.

Además, cuando es posible, es maravilloso amar en el hijo al otro progenitor. Me sorprendo una y otra vez al ver cómo los padres se dirigen a los hijos por encima del otro padre. Esta actitud, que puede parecer razonable en ocasiones (la desdicha suele llegar vestida con ropajes argumentales impecables, pero exentos de buen amor), no ayuda a los hijos. Ellos no necesitan ser los más importantes; al contrario, necesitan sentir que los padres están juntos como pareja dándose una recíproca primacía frente a los hijos. Cuando un hijo es más importante que nadie para uno de los padres, no se le hace un regalo, sino que se le da una pesada carga; no es abono, sino sequedad disfrazada de encantamiento. Los hijos no necesitan sentirse especiales ni tienen que serlo todo para los padres. Eso es demasiado.

Es frecuente que un padre proyecte en su hijo aquello que le falta de su pareja o de sus propios padres, o aquello que le faltó en su familia de origen, o aquel sueño que no pudo cumplir. Y que el hijo, por amor, acepte el reto. Al precio, claro está, de su libertad y de la fuerza para seguir su propio camino. Los hijos necesitan sentirse libres para cumplir su cometido en la vida. Y les va mejor cuando tienen el apoyo de sus padres y sus anteriores, y cuando se encuentran en orden con ellos. En cambio, sufren cuando uno de los padres desprecia al otro o ambos se desprecian mutuamente, o cuando tiene que implicarse excesivamente con uno de los dos o con los dos. Si los padres se desprecian, al hijo le resulta difícil no despreciarse a sí mismo y no parecerse a la peor versión que el padre o la madre ha diseñado del otro progenitor. Pues, en lo profundo, un hijo no puede prescindir de amar a ambos padres y no deja de hacer acrobacias emocionales para ser leal a ambos, incluso imitando su mal comportamiento, o su alcoholismo, o sus fracasos y desatinos.

«Hijo, en ti sigo queriendo a tu padre, en ti sigo viéndolo y respetándolo»; «hija, tú eres el fruto de mi amor y mi historia con tu madre, y lo vivo como un regalo y una bendición»; «hijo, respeto lo que vives con tu otro padre/madre, y cómo eres pareciéndote a él o a ella»; «hija, yo sólo soy el padre/madre, más es demasiado». Estas, y otras parecidas, son frases que apuntan al bienestar y el regocijo de los hijos. ¿Qué ayuda, por tanto? Que los hijos reciban uno de los mayores regalos posibles en su corazón: ser queridos tal como son, y muy especialmente querer en ellos a su otro progenitor, porque así se sienten completamente amados, ya que, de una forma sutil y a la vez muy real, un hijo no deja de sentir que también es sus padres.

29

UNA NUEVA OPORTUNIDAD

Cuenta una vieja historia oriental que cuando Dios creó al hombre y a la mujer lo hizo en un solo cuerpo, por lo que ambos desconocían el sentimiento de soledad y de carencia. Estaban juntos, fusionados, completos, y eran felices. Pero pronto surgieron dificultades. A veces, el hombre quería caminar hacia el oeste y la mujer hacia el este. A veces, el hombre quería tumbarse a descansar y la mujer quería seguir caminando. Así que empezaron a pelear, hasta que un día pensaron: ¿no sería mejor separarnos? Entonces fueron a hablar con Dios y le dijeron:

—¿Serías tan misericordioso de darnos dos cuerpos?

Y Dios, que efectivamente es misericordioso, estuvo de acuerdo. Y al hombre le dio un cuerpo de hombre, y a la mujer, un cuerpo de mujer.

Ambos se sintieron entonces muy felices con sus nuevos cuerpos. Cada uno podía avanzar en la dirección que quería, así que un día el hombre comenzó a caminar hacia el oeste y la mujer hacia el este. Pero cuando llevaban un rato caminando en direcciones opuestas sintieron un pellizco de desazón, pues se echaban de menos, y se dieron cuenta de que se necesitaban. De modo que desanduvieron el camino y corrieron a encontrarse de nuevo. Les sucedió lo mismo varias veces: cuando estaban juntos durante un tiempo, volvían a sentir la necesidad de caminar cada uno por su lado; pero, cuando lo hacían, sentían aquel malestar, por lo que desandaban el camino para reencontrarse.

Así, dice la leyenda, llevan muchos años, y todavía no han conseguido resolver el asunto. Quieren pedirle a Dios que los ayude, pero no saben qué pedirle. Viven en tensión, en el anhelo de ser uno y en el anhelo de ser dos, en un conflicto no resuelto que forma parte ya de su naturaleza.

Todas las personas experimentamos ambas necesidades, la de unión y la de independencia, pero en grados y maneras diferentes. Así, encontramos personas altamente orientadas a la fusión con el otro, y otras, a la autonomía. Se suele decir que en la pareja uno toma a su cargo la energía centrípeta y el otro la centrífuga, uno mira hacia dentro y el otro hacia fuera. Cada pareja negocia la manera en que estas necesidades se satisfacen en ambos miembros, respetando sus tendencias y estilos personales. Muchos fracasos en la pareja se deben a una mala conjugación de la satisfacción de estas necesidades; por eso, cuando nos dirigimos a una nueva pareja, resulta de gran ayuda tener claras las propias necesidades y tendencias, de manera que podamos encontrar una persona con la que sintonicemos y calcemos sin graves conflictos.

Es obvio que los extremos de la cuerda generan dificultades especiales. Hay personas que se pierden en la fusión, pues temen encontrarse a sí mismas, y otras que se pierden en el exceso de independencia, pues temen diluirse en el otro. En ambos casos conviene que trabajen en sí mismos, quizá terapéuticamente, para flexibilizar sus posiciones, pues ningún extremo es bueno.

Cada nueva relación es una nueva oportunidad de recuperar el vínculo original, de asomarse al aroma de lo uno e indiviso que preludia un vínculo de amor, y que se concreta en lo real en muchas parejas en la poderosa unión de almas que experimentan, o bien a través de los hijos. Las segundas o terceras relaciones son también una nueva oportunidad para querer mejor, y en concreto para combinar el enamoramiento con la clara percepción de cómo es el otro, para abrir los ojos y ver. Para caminar hacia la unidad en la clara percepción de las diferencias.

Lograr cierta unidad en una relación es también una nueva posibilidad para vivir el camino de la entrega, que dulcifica y domestica los delirios y temores del yo personal. La entrega significa: «Te quiero a ti, y también quiero aquello que te dirige. Y me quiero a mí, y también quiero aquello que me dirige. Y nos quiero a nosotros y quiero aquello que nos dirige. Y me entrego a las fuerzas que nos dirigen a donde sea que quieran llevarnos, incluso aunque esas fuerzas nos lleven lejos el uno del otro, o nos lleven a lugares extraños o que no desearíamos». Cuando esto es así, es posible amar en el otro su propio destino, su luz y su sombra, su alegría y su enfermedad, e incluso su muerte.

La pareja puede representar diferentes dimensiones del amor, y una de ellas, misteriosa, consiste en amar no sólo al otro, sino al espíritu que lo guía. El espíritu es una sabiduría mayor que nos cuida y nos conduce de un modo impredecible, siguiendo una lógica que no es la de la voluntad. Nos zarandea o nos bendice, nos levanta o nos derrumba, nos da o nos quita, nos sana o nos enferma o nos hace morir, nos somete a crisis y nos reorienta, hace que algo se inicie o que algo finalice. El espíritu lo mueve todo a su propia manera y sin descanso.

Algunas parejas logran vivir la entrega. En cierta ocasión conocí a una pareja que se había casado, había tenido hijos, los había criado y había logrado ser una familia fuerte y un matrimonio muy comprometido. Cuando él cumplió los cincuenta, le dijo a su mujer que quería vivir plenamente su homosexualidad. Ella se sintió dolida, desde luego, porque además deseaba que siguieran juntos como pareja, pero fue capaz de reconocer que en aquel momento aquello era lo que necesitaba su marido y le expresó su respeto y apoyo. Con amor, y también con dolor, lo dejó ir. Esto es un resumen de lo que pasó, claro. Seguro que fue un poco más complejo, pero así es la entrega: se da cuando la vida y la pareja ya no están en nuestras manos, sino en las de alguien más grande que mueve sus hilos a su extraño modo, y estamos de acuerdo en que así sea.

He conocido a personas que se pasan la vida enamorándose y desenamorándose, creando ilusión y su consecuente desilusión, en una noria repetitiva que muchas veces acaba siendo insatisfactoria. Y no lo juzgo, y pienso que también la vida necesita esta danza. Y algunas personas llegan tal vez al colmo de la insatisfacción, y éste acaba siendo el poderoso estímulo para cambiar. También he conocido a personas que se pasan la vida explorando relaciones sin elegir ninguna, o explorando relaciones paralelas. Se aventuran un tiempo, pero no acaban de elegir ni de comprometerse. Y no lo juzgo. Cada cual con su vida, su suerte, sus vivencias y el precio a pagar. También respeto su vida tal como es. He conocido a personas que estuvieron comprometidas en una pareja, que han vivido el compromiso, que lo viven de una manera fuerte y durante mucho tiempo, y esto les da una tranquilidad y una fuerza especial. Y tampoco lo juzgo. No me parece bien ni mal. Me abstengo de opinar, como diría un escéptico pirrónico. Respeto la vida de esas personas tal como es. También he conocido a personas que se han visto sometidas a movimientos que les exigían la rendición, la entrega absoluta a destinos impredecibles. Y lograron realizar ese movimiento espiritual interno. También respeto su vida. Cualquier vida tal como es me parece respetable.

No es obligatorio lograr la entrega, ni siquiera es obligatorio enamorarse en esta vida. Vivimos lo que vivimos, y a veces un movimiento nos hace progresar y entregarnos, o, al contrario, dejar la pareja. Y así está bien. Como decía al principio del libro, he visto sufrir a demasiadas personas por no encajar en la teoría de cómo deberían vivir su vida.

El sufismo alumbró al poeta Rumi, que quizá tendría su equivalente católico en san Juan de la Cruz o santa Teresa de Ávila. Uno de sus poemas dice:

> El ser humano es como un albergue.
> Cada mañana llega alguien nuevo.
> Éste es una alegría, este otro es tristeza,
> allí viene la mezquindad
> y aquí una chispa de conciencia.
> El pensamiento oscuro, la vergüenza, lo malicioso
> puedes encontrarlos a la puerta, sonriéndote;
> invítalos a entrar.
> Sé agradecido con quien viene,
> porque cada uno ha sido enviado
> como una guía desde el más allá.

Aquello que vivimos es necesario, nos dice Rumi, porque es algo que nos envía la Gran Inteligencia con propósitos que a menudo no comprenderemos hasta más tarde, tal vez nunca. Aceptándolo, damos un salto y en cierto modo nos sentimos guiados en nuestro particular viaje; y, con suerte, aprendemos. Entonces quizá estemos más disponibles para una pareja, pero, aun así, no sabemos si nuestro destino es permanecer solteros, o ser religiosos, o morir esta misma tarde. ¿Qué sabemos? ¿Sabemos acaso si es mejor vivir o morir, tener una vida larga o una corta, estar casados o estar solteros, ser simpáticos o antipáticos? Nos pasamos buena parte de nuestra vida amorosa persiguiendo quimeras, pero sólo podemos amar en cada momento lo real; lo ideal no existe. Amar lo real nos otorga la posibilidad de ser felices.

30

EL AMOR EN LA MADUREZ

Mientras daba forma a este libro, recibí el encargo de la revista *Anoche tuve un sueño* de escribir un artículo sobre el amor en la madurez. No pude negarme, pensando como pienso que el vínculo de la pareja es importante en todas las fases de la vida, no sólo en la juventud y la adultez. Y tampoco he podido resistirme a incluirlo en este libro, porque su lectura se me antoja dulce y esponjosa, como cuando desde lo alto de una montaña, a la que hemos ascendido con sudor y con deleite, oteamos en las tierras bajas el valle fértil y surcado por abundantes hilos de agua.

A veces he imaginado la vida como un viaje de ascenso a lo alto de una montaña que culmina en la fase media de la vida, y luego nos queda el descenso. La primera es el tiempo joven de la conquista, en la que fecundamos la vida para que encaje con nuestros planes y deseos: fortalecemos nuestra identidad, edificamos un recorrido profesional, nos las vemos con los asuntos de pareja y criamos hijos o no, aportamos lo que tenemos a la vida, nos arrastra nuestra pasión por conocer y realizar, y seguimos con todas nuestras fuerzas los caminos por los que somos movidos. Con suerte, llegamos a lo alto de la montaña y gritamos a los cuatro vientos nuestros logros y éxitos, e invariablemente se nos devuelve un eco que nos dice que en verdad no tiene tanta importancia, que este que llamamos «yo» y al que consideramos el centro de todo, ahora se las va a ver con el descenso y con las pérdidas, con la comprensión de que la vida es efímera y tiene un final, con la imagen dibujada en el horizonte de la propia muerte como estación de destino. Empieza el descenso y, con fortuna, si hemos cultivado cierta sabiduría, entramos en una extraña paradoja: la de que perder y descender es suave y produce una sorprendente suerte de alegría y felicidad; la que viene de que ya no tenemos que preocuparnos tanto, y podemos exponernos al flujo espontáneo y confiado de la vida. Ya no tenemos que luchar y defender, y experimentamos la dulzura del desapego y una entrega mayor a la soberanía de la vida como es, por encima de nuestra voluntad personal.

Leonard Cohen dice que «Los pesimistas están muy preocupados porque quizá vaya a llover. Yo, en cambio, ya estoy mojado». A continuación añade: «Lo único que se acerca a un consuelo es el "Hágase tu voluntad". Uno debe preguntarse hasta qué punto quiere convertir esto en el principio regidor de su vida: la idea de que todo se despliega en un mecanismo que te resulta imposible entender. Y que lo tomas o lo dejas».

Se suele decir que el amor joven es impulsado por la tiranía de la sexualidad, con su imperativo certero de que disparemos nuestras flechas de vida hacia el futuro, que el encuentro de los amantes arde; que el amor de los adultos se convierte en un amor cuidado, que los amantes se han hecho padres y cuidan de su prole y del sostén; que el amor maduro es un amor que busca la compañía, el compartir y el cuidado, y goza de tranquilidad. Sin duda, la pasión, el cuidado y la compañía pueden estar siempre presentes en distintos grados en cualquier fase de la vida. También en el amor maduro importa, y mucho, el roce de los cuerpos, los cariños y la vivencia del placer. Y ya sería hora, además, de que pensáramos abiertamente que la sexualidad termina con la vida y que, incluso en la ancianidad, tiene su presencia en su forma particular y distinta del disloque hormonal juvenil.

El amor de pareja en la madurez encaja con el descenso de la montaña, y cuando se ha ascendido con sentido, el descenso supone mayor libertad, tranquilidad, ligereza, desapego y entrega al presente... Los grandes planes ya fueron trazados, los grandes logros ya fueron realizados, los hijos, si los hubo, ya fueron criados y son mayores, y ahora podemos ser de nuevo un poco niños y vivir de nuevo lo que hay y lo que cada día nos trae «con un nuevo corazón tembloroso», como diría Neruda. Por otro lado, las adversidades naturales de la vida han limado las aristas de nuestras pasiones y nuestro carácter, las desdichas nos han sensibilizado a una luz que la prosperidad estricta nos mantenía velada, y empezamos a entender el lenguaje del ser y no sólo del tener, el sabor del misterio y no sólo el de la propia voluntad, el gozo de lo incierto y no sólo su temor.

Surge entonces una perspectiva madura, sabia, ondulada del amor. La mayoría de los estudios coinciden en reconocer que el índice de felicidad es mayor en personas de cincuenta y cinco años en adelante si hay salud. ¿A qué se debe? A un cambio de actitud más que a un cambio de las circunstancias. Y esto impacta en el ámbito de la pareja, de manera que la rellena con frutos nuevos. Veámoslos:

Mayor pertenencia y fusión. A las parejas que acumulan muchas millas de amor logrado se les premia con una gracia especial, la de ser un solo cuerpo. Así lo expresaba un matrimonio mayor, tocados ambos por un evidente gozo de estar juntos: «A veces no sé si su pierna es mi pierna o la suya», decía él. El anhelo de pertenecer, formar parte y estar vinculado profundamente es el mayor instinto de los seres humanos. Al principio a nuestros padres, después a nuestras parejas y a las familias que creamos, y por supuesto a nuestra pareja en la madurez.

Mayor entendimiento, comprensión y respeto. Si el viaje propio, y también el común, ha sido verdadero y se han aprestado a desarrollarse como personas auténticas, ambos han aprendido el código de la tolerancia y el aprecio de lo ajeno, a sentir tan importante al otro como a uno mismo. Han flexibilizado sus creencias y sus mapas de la realidad y abierto el corazón a lo distinto. Si además acumulan muchas millas de amor logrado disfrutan de un gran almacén de actos comunicativos fértiles y esquemas de relación previsibles, que les dan reconocimiento y la seguridad de sentirse nuevamente en casa una y otra vez.

Mayor alegría, gozo y sentido del presente. Una progresiva relajación de nuestras pasiones, responsabilidades y objetivos, franquea la entrada a un progresivo e inesperado regreso a la tierra prometida del presente, que nos hace resonar con el viejo paraíso perdido del presente de nuestra niñez, cuando vivíamos más en el vivir y menos en nuestros pensamientos sobre el vivir. Con suerte, en la madurez, la mente se vuelve más silenciosa y más abierta a la alegría por nada de cada momento que la vida tal como decide ser nos sigue regalando. En la pareja empieza a edificarse una dimensión del amor en la que amamos al otro no tanto por lo que nos produce, nos mueve o nos satisface, sino por ser como es y por estar ahí. Y los días se llenan de una actitud más gozosa.

«Inclinado en las tardes tiro mis tristes redes a tus ojos oceánicos», reza un poema de amor de Neruda. Quizá el amor maduro sea también un amor trascendente. En este amor, a través de los ojos oceánicos del otro, vamos más allá de él y abrimos esperanza, alma y corazón a un amor más amplio que abarca todo y a todos. Y nos volvemos más y más altruistas y generosos. Y cerca del final sonreímos y seguimos plantando árboles de cuyos frutos otros comerán en nuestro lugar.

He preferido obviar, en este relato, a los que se compactan con los años en lugar de algodonarse, a los que siguen conquistando en lugar de saber declinar con dignidad, a los que se imponen en la madurez y la vejez en lugar de saber morir un poco antes de morir del todo, y ganar en vida un poco de vida eterna —el presente maravilloso— antes de que la eternidad nos engulla y acoja a todos por igual, con sus enormes brazos, como una gran madre.

31

EL BUEN AMOR

El monje budista vietnamita Thich Nhat Hanh escuchó la oración gestáltica de Fritz Perls que he citado y decidió escribir una nueva oración que la completara. La tituló «Interrelaciones»:

> Tú eres yo, y yo soy tú.
> ¿No es evidente que nosotros *intersomos*?
> Tú cultivas la flor que hay en ti,
> para que así yo sea hermoso.
> Yo transformo los desperdicios que hay en mí,
> para que así tú no tengas que sufrir.
> Yo te apoyo;
> tú me apoyas.
> Estoy en este mundo para ofrecerte paz;
> tú estás en este mundo para traerme alegría.

Este poema se orienta hacia el tú, cuida de lo amoroso y lo relacional, se extiende hacia la consideración de un nosotros, puntúa el cuidado del otro mucho más que los propios límites personales, y enfatiza la mutualidad y la interdependencia.

Cuando observamos nuestra relación de pareja, nos tenemos que preguntar cuánto necesitamos afianzarnos a través del «yo soy yo y tú eres tú» (lo que significa tener un «yo» fuerte) y cuánto a través del «tú eres yo y yo soy tú» (y, de esta manera, disolver ese «yo» para poder encontrarnos en el tú, en el nosotros). Porque quien grita «¡yo!» muy alto normalmente necesita aprender a susurrar y reconocer el tú, y quien grita el tú y el nosotros con excesiva vehemencia necesita escuchar su propio yo.

Sabemos que una gran paz nos alcanza cuando por momentos podemos ser uno y descansar en la unidad. Por eso, algunas tradiciones espirituales afirman que el hombre y la mujer son una sola carne y trascienden lo dual. Cuando así lo sentimos, experimentamos de nuevo la unión. Y, aunque sea un poco atrevido decirlo, en la unidad estamos en consonancia con el Espíritu Creador, pues éste se hace presente a través de lo creado y a través de la unión de un hombre y una mujer para que la vida siga su curso.

La pareja es sagrada porque fertiliza, crea e impulsa la vida. La felicidad que puede aportar al yo personal procede del alineamiento de la relación de pareja con los movimientos de la vida. Por tanto, cuanto más pienso en la idea de que la pareja, o cualquier otro modo de relación, debería proveernos de felicidad, más extraña e ilógica la encuentro. ¿Por qué la pareja habría de darnos algo? La lógica de ser nutridos por otros acentúa la centralidad del yo, de la individualidad; da por descontado que lo más importante, el centro del universo, somos nosotros mismos, y que la pareja, los demás, la naturaleza, deben servir al propósito de que nuestra persona esté bien. ¿No es igualmente válido pensar que somos nosotros los que debemos darle algo a la pareja, a la sociedad o al mundo, y no al revés? ¿No es bello pensar que la pareja sirve a la vida y de esta manera se sintoniza con el misterio perpetuado por los siglos de los siglos?

Si tomamos la pareja desde un punto de vista espiritual, son los individuos los que sirven a la pareja y no al revés. Y, en un plano más profundo, la pareja sirve a la vida. En esta mirada, el yo se hace pequeño y la importancia que concedemos al individualismo en la sociedad actual se torna irrelevante. La pareja está tocada aquí por la melodía del alma. En ella podemos llegar a sentir que somos sobrepasados por algo más grande, por una unión trascendente, pues la pareja es aquí un camino de trascendencia para nuestro pequeño yo. Como nos dice Bertrand Russell: «En la unión del amor he visto, en una miniatura mística, la visión anticipada del cielo que han imaginado santos y poetas».

De lo que se trata, en cualquier caso, es de llegar al buen amor. Éste se reconoce porque nos sentimos reales, abiertos, respetuosos y somos más y más felices. Bert Hellinger señala tres componentes de la dicha en la pareja, en forma de «palabras simbólicas concentradas». Serían tres expresiones «mágicas» que abren las puertas de la felicidad en la pareja: «sí», «gracias» y «por favor».

El «sí» es la llave maestra, el gran afirmativo de la existencia, y cuando sentimos el «sí» hacia una pareja, le regalamos lo que más perentoriamente todos necesitamos: querer al otro tal como es y ser queridos tal como somos. Y cuando nuestra pareja siente el sí hacia nosotros, nos sentimos profundamente vistos, conmovidos y abiertos. Este sí significa: «te tomo tal como eres», «asiento a lo que te conforma tal como es, y no pretendo que sea distinto». Me ilumino, me conmuevo, abro mi corazón a tu ser. Cuando esto ocurre en una pareja, ambos se experimentan ligeros, expandidos, luminosos y elevados. Imaginemos lo contrario, por ejemplo, que el mensaje que recibimos o damos a nuestras parejas fuera directa o indirectamente: «No me gusta como eres, tienes que cambiar para ajustarte a mis imágenes de cómo deberías ser». Entonces, el corazón se encoge. Por el contrario, cuando experimentamos la vivencia de «aprecio quién eres, aprecio que estés ahí, me concierne lo que vives», la relación cambia completamente y aumenta la cuota de bienestar.

Imaginemos también que nuestra pareja nos sonríe o le sonreímos, como diciéndole «gracias»: gracias por existir o gracias por estar aquí, gracias por nuestro encuentro, nuestro camino, por quererme, por ser como eres, por nuestros frutos... Me parece que pocas cosas hacen tanto bien como la gratitud: amplía y extiende el corazón de quien la da y de quien la recibe. ¿Puede haber algo más bello y feliz en la pareja que experimentarnos agradecidos? Y seguramente no sólo en la pareja, también con los padres, con la vida, con las personas que nos rodean, etcétera.

Y, cuando sentimos y decimos «por favor», entonces arriesgamos y nos acercamos al otro desde nuestra ternura, nuestra vulnerabilidad, nuestra más profunda humanidad, ofreciéndole nuestra fragilidad, nuestra piel sin durezas. Y al arriesgar podemos ser recompensados con las mieles del encuentro verdadero, despojado de roles, formalidades y vestiduras.

El buen amor se compone de sonrisas. Es una constante sonrisa interior ante el otro, incluso en los momentos de fricción, desacuerdo y turbulencia. Un psicólogo americano se dedicó a filmar a diferentes parejas, a las que proponía que permanecieran encerradas durante un día entero en una habitación, sin distracciones, evitando de este modo sus distracciones habituales, aquellas con las que evitan comunicarse y encarar sus asuntos, y poder así observar su comunicación y su funcionamiento. Al cabo de un tiempo, adquirió tal destreza que era capaz de pronosticar si una pareja seguiría unida o no después de observarlos durante diez minutos. Se dio cuenta de que la variable determinante para las parejas que seguirían juntas era el reconocimiento, ya que se escuchaban, se correspondían, se tomaban en cuenta y no dejaban de emitir señales de consideración, de que el otro era importante: una sonrisa, una mirada, un gesto, un comentario, etcétera. No se evitaban ni se ignoraban, había *feedback*. A pesar de las dificultades que podían atravesar, seguían reconociéndose y confirmándose el uno al otro y se daban indicadores no verbales del tipo «bailamos juntos».

El buen amor, como hemos visto en los capítulos dedicados a las Constelaciones Familiares, está basado en el orden, en el equilibrio, en la mirada dirigida a la vida, en la apertura del corazón. Es una relación entre adultos bien sostenidos en sí mismos y en su historia familiar, que han podido poner bálsamo en sus heridas y curarlas. El mal amor es justo lo contrario: las complicaciones y los juegos psicológicos. Es ciego porque en lugar de ver lo que hay e integrarlo, se empecina en lo que le gustaría que hubiese y lucha. Los hijos, por ejemplo, por mal amor o amor ciego infantil, asumen penas o culpas o enfermedades de los padres, con la idea de que les es posible llevarlos en su lugar. El mal amor se sacrifica por otros en lugar de respetarlos, o se orienta hacia el sufrimiento en lugar de hacia la vida, lo cual crea pautas interpersonales que no dan felicidad. He visto parejas en las cuales uno de los dos no quiere vivir, por ejemplo, o se siente deprimido y sin vida, y el otro se enoja o incluso lo golpea en un intento desesperado de que viva y se agarre a la vida. Una vez trabajé con una mujer que había sobrevivido a un atentado terrorista y se sentía más unida a las víctimas que a la vida, como si no sintiera el derecho de seguir viviendo. Sufría una fuerte depresión y no lograba entender la violencia que despertaba en sus hijos y su marido, a través de la cual le exigían desesperadamente que se levantara y viviera.

En el buen amor, uno más uno suman más que dos. En el mal amor, uno más uno suman menos que dos. Algunas parejas logran establecer entre ellas pautas de intercambio y de convivencia que les nutren, las enriquecen y les multiplican. Otras se anclan en pautas que les empobrecen y tensan. La clave que hace la diferencia consiste, como decíamos, en que las parejas que se nutren saben expresarse de muchas maneras el reconocimiento hacia lo que el otro da y hace, de manera que invitan a aumentar el ciclo del dar y el recibir.

El buen amor siempre milita en el respeto y la igualdad de rango, lo que quiere decir «soy como tú, ni mejor ni peor». El buen amor es con los ojos abiertos: es aquel capaz de mirar y ver la realidad, respetarla y aceptarla. En este sentido, el buen amor hacia los padres es aquel que los acepta y quiere con sus imperfecciones, con sus culpas y sus penas. Y lo mismo sirve para la pareja.

32

NI BRUJAS NI CABALLEROS: HOMBRES Y MUJERES EN BUSCA DEL BUEN AMOR

Me gustaría terminar con una antigua historia que habla justamente del buen amor. Se la escuché a mi amigo y colega gestaltista Jorge Bucay, cuando presentó en el Institut Gestalt de Barcelona, junto con Silvia Salinas, su libro *Todo (no) terminó*.

Este cuento empieza una noche sombría en que el rey Arturo está en su lecho de muerte. Los médicos de la corte lo han visitado, pero ninguno ha conseguido diagnosticar la enfermedad que lo consume ni ha encontrado un remedio efectivo. Arturo agoniza y todos temen que el final esté cerca. Esa noche Arturo recibe la visita de uno de sus caballeros más fieles y gran amigo, Galahad, que conversa junto al lecho con el médico que lo guarda:

—Se va a morir —le dice en voz baja el galeno.

—¡Ni hablar! —replica Galahad—. Y que sea la última vez que dices eso en mi presencia. El rey tiene que salvarse.

—He visto por lo menos seis o siete personas con este mismo mal, y cinco de ellas murieron —insiste el médico.

—¿Ves? —replica el caballero—. Hubo alguna que

se salvó. Por tanto, tiene que haber algo que se pueda hacer.

—El problema, a mi juicio, es que el rey no está enfermo, pues de ser así habría funcionado alguno de nuestros remedios. El rey está embrujado.

—Vaya —se lamenta Galahad—. Pero, aun así, seguro que hay algo que podamos hacer...

—Sólo una cosa: ir a buscar a la bruja que vive en la montaña y convencerla de que lo libere del encantamiento.

—Pero ella odia al rey, no querrá salvarlo.

—Sí, y además es peligrosa. Dicen que te mira y te paraliza, que te devora los ojos literalmente, que hace conjuros extraños y que tira tu cuerpo a los perros que tiene en la cueva. ¿Quién se atrevería a ir a verla?

Galahad, a pesar de ser un caballero de la Mesa Redonda, también siente miedo, pero se trata de su gran amigo el rey, su compañero de aventuras, aquel que le ha salvado la vida muchas veces. Así que monta en su caballo y se dirige hacia la cueva. Llega en plena noche, pero los buitres, que parecen no descansar, empiezan a revolotear a su alrededor. Cuando llega a la entrada de la cueva siente un frío estremecedor, pero se arma de coraje y entra. Hay antorchas en las paredes y cientos de huesos de esqueletos entremezclados en el suelo. Sorteando como puede las osamentas, llega al centro de la cueva, donde está la bruja encorvada sobre sí misma, viejísima y vestida de negro de pies a cabeza, con los ojos muy pequeños, los dientes muy apretados y negros, las manos en forma de garra, el pelo pajizo, la nariz muy larga y llena de granos y un enorme sombrero negro.

—¿A qué has venido? —le grita a modo de bienvenida.

—Vengo a pedir tu ayuda —responde Galahad.

—¿Vienes por tu amigo el rey?

—Sí.

—Tu amigo está hechizado por un encantamiento que yo no realicé, pero que está bien hecho. Se va a morir. ¡Y me alegro!

—Por favor —le dice el caballero—, te pido que le ayudes.

—¡¿Por qué habría de ayudarlo?! —responde airada—. Me ha expulsado mil veces de palacio. Él no me quiere y yo tampoco a él.

—Pídeme lo que quieras, pero ayúdalo —suplica Galahad.

Entonces, la bruja se queda unos segundos mirando al amigo del rey. Es joven, apuesto, alto, realmente hermoso.

—Te haré una proposición —dice finalmente.

—Lo que me pidas —contesta el caballero—. Si está dentro de mis posibilidades, lo haré.

—Sí lo está —dice la bruja—. Si yo sano al rey, tú te casarás conmigo.

Galahad siente un escalofrío. Por un instante duda, pero enseguida recuerda que es su amigo el rey quien se encuentra en peligro de muerte, así respira hondo y dice:

—De acuerdo. Si curas al rey, serás mi esposa.

La bruja, que no puede creer lo que oye, se lanza a toda velocidad hacia una alacena cavada en la roca y coge algunas cosas que introduce en una especie de bolsa. Cuando está a punto grita:

—¡Vamos!

Cuando Galahad y la bruja llegan a palacio van directos a los aposentos reales. El rey, literalmente, agoniza. La bruja prepara un brebaje con algunos ingredientes que trae, llena con él un frasquito y lo introduce en la boca del rey Arturo.

—¿Y ahora? —pregunta Galahad.

—Ahora hay que esperar a mañana. Me voy de vuelta a mi cueva. Avísame si sucede algo.

—¿Por qué no te quedas aquí?

—Porque no quiero que alguno de mis enemigos me mate durante la noche.

—Nadie te va a tocar. Estás bajo mi protección.

Y sacando su capa, la tiende a los pies de la cama del rey.

A la mañana siguiente el rey se despierta. Lo hace por primera vez en semanas. Golpea las manos y los pajes entran:

—¡Traedme de comer y de beber! —grita—. ¡Tengo hambre y sed!

Después mira a los pies de la cama y ve a Galahad.

—Querido amigo, ¿cómo estás?

Pero, antes de que el caballero pueda responder, el rey ve a su lado a la bruja.

—¡¿Qué haces tú aquí?! —le grita—. Te he dicho mil veces que no eres bienvenida, así que fuera de mi...

—Perdón, Majestad —lo interrumpe Galahad—. Puedes echarla si quieres, pero quiero que sepas que, si ella se va, también yo me iré

—Pero ¿qué estás diciendo? No entiendo nada...

—Sucede que esta mujer que ves aquí es mi futura esposa.

—¿Qué? ¿Tu futura esposa? ¿Te has vuelto loco? Te he presentado a las princesas más hermosas del reino, a las más ricas, a las más jóvenes, a las más bellas. A todas has dicho que no. Y ahora te vas a casar con... ¡esto! ¿Cómo puede ser?

Y entonces la bruja dice:

—Es el precio que pagó para salvarte.

Después de un momento de confusión, el rey Arturo exclama, dirigiéndose a Galahad:

—¡No puedo permitirlo!

—Majestad, le he dado mi palabra a esta mujer de que, si te salvaba, me casaría con ella. Ella ha cumplido y merece recibir su recompensa

—¡Te lo prohíbo como rey!

—Hay una sola cosa en la vida que es más importante para mí que una orden tuya. Es mi palabra. Y voy a cumplir con ella.

—Pero tiene que haber algo que yo pueda hacer —insiste Arturo.

—Sí. Podrías casarme mañana en la parroquia real. Sería un gran honor.

A la mañana siguiente, en presencia del capellán y del rey, los novios celebran la boda. El rey abraza a Galahad, le agradece lo que está haciendo y le ofrece un carruaje para que llegue a la casa que le acaba de regalar junto al río, lejos del palacio, lejos del pueblo, puesto que no quiere que nadie lo vea ni se burle de su amigo Galahad. Éste despide al cochero y ayuda a su esposa a subir al carruaje. Manejando él mismo las riendas, llegan hasta su nueva residencia. Detiene el carruaje, se baja y, como era costumbre entonces, coge a la esposa en brazos, abre la puerta y la deja dentro.

—Ahora mismo vuelvo —le dice.

A continuación vuelve a salir, sujeta los caballos, se aleja unos pasos y contempla durante un momento la puesta de sol. Cuando vuelve a entrar, el fuego de la hoguera está encendido y de pie frente a él ve a una mujer muy alta, muy rubia, vestida con un tul blanco que, al trasluz del fuego, muestra unas curvas femeninas increíbles.

—¿Dónde está mi esposa? —pregunta Galahad sorprendido.

La mujer se da la vuelta. Es rubia, hermosa, la piel muy blanca, los ojos celestes, grandes y luminosos. Galahad se da cuenta de que, si el amor a primera vista existe, eso es lo que está sintiendo. Se está enamorando; sin embargo, insiste:

—¿Dónde está mi esposa?

—Tu esposa soy yo —contesta la hermosa mujer.

Galahad no ceja:

—Sé con quién me he casado, y no me gustan estos trucos. No me he casado para hacer magias ni brujerías. Quiero ver a mi esposa.

Entonces, la mujer le dice:

—La mitad del tiempo soy aquella que conociste, y la otra mitad del tiempo soy esta que ahora ves. Sin embargo, has sido tan amable y generoso conmigo que, como eres mi esposo y lo serás para siempre, y yo creo que por tu amabilidad te amaré para siempre, quiero que seas tú quien elija quién quieres que sea. ¿Quieres que sea la bella de día y la bruja de noche, o prefieres que sea la bruja de día y la bella de noche?

Galahad se queda pensativo. Difícil dilema, piensa. ¿Es mejor que sea la bella de día y pavonearse por el pueblo y en palacio, siendo la envidia de todos, y padecer en silencio durante la noche la tortura de estar con la otra? ¿O acaso es mejor ignorar lo que diga la gente, ser objeto de la burla de todos, pero disfrutar en la intimidad de la noche de la compañía de esta mujer de increíble belleza, de la cual ya se ha enamorado? Difícil elección y, lleno de angustia e incertidumbre, invoca su más alta sabiduría. Finalmente, al cabo de un rato de mantenerse centrado, llega a una resolución y dice:

—Como eres mi esposa y confío que lo sigas siendo por mucho tiempo, como te amo y te amaré hoy y para siempre, lo que yo quiero es que seas la que tú decidas ser en cada momento.

Y cuentan que, cuando la bruja escuchó esta respuesta de su amado marido, se sintió libre de ser como era y por esto, y sólo por esto, sintió que Galahad cuidaba de lo femenino profundo en ella. Espontáneamente, lució bella y resplandeciente la mayor parte del tiempo, agradecida por tener a Galahad —un hombre valeroso— como marido y contenta de haberlo seguido a su vida, a su casa y a su mundo.

EPÍLOGO
UN ESPACIO PARA EL MISTERIO

Como seres humanos estamos obligados a cuidar de nosotros mismos a lo largo de nuestra vida, a orientarnos según la dirección y el soplo de nuestros valores y nuestro espíritu, y a buscar ese Grial anhelado que llamamos felicidad. Es específico de lo humano buscar la felicidad. Y aún más específico buscarla en lugares equivocados, es decir, errar. Cientos de zanahorias cuelgan del palo de nuestros anhelos como sombras errantes. La sabiduría y el coraje consisten en asumir los errores en lugar de persistir en ellos, en desandar los caminos que se muestran infructuosos y reorientarse de nuevo hacia lo esencial.

¿Es la pareja un buen lugar para buscar la felicidad? Cualquier psicoterapeuta experimentado ha visto desfilar por su consulta a personas frustradas, dolidas y desorientadas por sus envites de pareja, y también afortunadamente a personas que parecen tocadas por el regalo del buen amor durante un tiempo. En los días que corren, los de la llamada «monogamia secuencial», este problema de las separaciones va sin duda en aumento, pues cada nueva pareja supone la creación de vínculos nuevos y su ruptura cuando termina el camino común, con el consiguiente coste emocional.

Todo está sujeto a la transitoriedad y todo lo que adquiere una forma se desvanece en algún momento, incluida la pareja. Por eso, quizá la felicidad guarde más relación con un cierto silencio interior y con desarrollar la actitud de danzar alegremente, si es posible, con las formas que creamos o se crean en nuestra vida, con independencia de cuáles sean o cómo se desarrollen, pues ya sabemos que la vida tiene propósitos que no siempre encajan con nuestros deseos personales ni con nuestros esfuerzos, por no decir que son sus contrarios en ocasiones.

Muchos piensan que el amor es una gran fuerza y que todo lo puede, pero no siempre el amor es suficiente. A veces las personas permanecen tan atadas a sus familias de origen que no logran tomar verdaderamente su lugar de hombre o mujer al lado de su pareja. Los sistemas familiares se comportan como si tuvieran una mente común y las personas se implican con las cadenas de hechos fundamentales acaecidos, especialmente los derivados de la sexualidad, de la violencia o de la muerte y los duelos. Como dice el poema de Miguel Hernández, todos llegamos «con tres heridas: la del amor, la de la muerte, la de la vida».

El mejor regalo que las personas podemos hacer a nuestro sistema y a nuestros padres y ancestros es el de tener una buena vida, provechosa y realizada, pero demasiado a menudo nuestro corazón infantil trata de ser leal a nuestros anteriores a través de la infelicidad. Así, a veces un hombre o una mujer no aterrizan en lo profundo al lado de su pareja. No toman su lugar. Entonces es necesario revisar las imágenes y las lealtades familiares interiorizadas y honrar a las personas y los hechos tal como fueron para poderlos dejar en el pasado.

Lo que sin duda es cierto es que la pareja (cada nueva pareja) es una oportunidad de crecimiento, de expansión del corazón, de una cierta felicidad quizá, con numerosos y variados retos. Por ejemplo, aprender a amar al otro exactamente como es, con independencia de nuestros anhelos y esperanzas, de la misma manera que amaría un espíritu amoroso para el cual todo es perfecto exactamente como es. La pareja es una oportunidad para vivir la entrega y para rendirnos a la realidad del otro, pues de este modo también nos rendimos a la nuestra. Nacimientos, enfermedades o muertes de hijos, abortos, desequilibrios en el intercambio sexual o en el dar y el recibir, límites y reglas de la relación con las familias de origen o las familias anteriores, vaivenes económicos, etcétera ponen a prueba la fortaleza y la capacidad de la pareja. Generalmente, la solución consiste en saber llevar juntos los hechos difíciles en lugar de escorarse hacia la salvación personal.

Son muchos los asuntos que tienen que ver con la pareja, como hemos visto. Sin embargo, nunca debemos olvidar que no lo sabemos todo y que es necesario un espacio para el misterio. Como se decía en la antigua Grecia, existe un proyecto mayor del que no conocemos todos los detalles, pero que nos subordina de una manera sabia, que reconoceríamos si tuviéramos la humildad suficiente para dejarnos llevar en sus amorosos brazos.

POSTRARSE

Me gustaría cerrar el libro con una meditación del monje budista Thich Nhat Hanh, cuya obra y transmisión aprecio especialmente y me acompaña en múltiples ocasiones. Me parece un bello final pues honra a los antepasados en los logros de nuestras vidas.

> En agradecimiento, me postro ante todas las generaciones de antepasados de mi familia biológica. Veo a mi madre y a mi padre, cuya sangre, carne y vitalidad corren por mis propias venas y alimentan cada célula de mi cuerpo. A través de ellos veo a mis cuatro abuelos. Sus expectativas, experiencias y sabiduría me han sido transmitidas a través de innumerables generaciones de antepasados. Llevo en mí la vida, sangre, experiencia, sabiduría, felicidad y dolor de todas las generaciones. Practico para transformar el sufrimiento y los demás elementos susceptibles de ser transformados. Abro mi corazón, carne y huesos para recibir la energía de la visión interior, del amor y de la experiencia transmitidos por mis antepasados. Veo que el origen de mis raíces procede de mi padre, mi madre, mis abuelos, mis abuelas y todos mis antepasados. Sé que sólo soy la continuación de este linaje ancestral. Por favor, apóyame, protégeme y transmíteme tu energía. Sé que dondequiera que los hijos y nietos estén, los antepasados también están allí. Sé que los padres aman siempre y apoyan a sus hijos y a sus nietos aunque no siempre sean capaces de expresarlo eficazmente por culpa de las dificultades

que han tenido. Veo que mis antepasados han intentado construir un modo de vivir basado en la gratitud, la alegría, la confianza, el respeto y el amor compasivo. Como continuación de mis antepasados me postro profundamente y permito que sus energías fluyan a través de mí. Pido a mis antepasados que me apoyen, me protejan y me den fuerza.